AF360680

魁占
號誠裕

魁占
裕誠號

ALBUM

TYPOGRAPHIQUE

EXÉCUTÉ

A L'OCCASION DU JUBILÉ EUROPÉEN

DE L'INVENTION DE L'IMPRIMERIE

Caractères du titre
gravés par Lombardat,
fondus par Mesnager.

J. Dusacq, prote.

Presses mécaniques,
L. Compoint, conducteur.

HISTOIRE

DE L'INVENTION

DE

L'IMPRIMERIE

PAR LES MONUMENTS

PARIS

DE L'IMPRIMERIE RUE DE VERNEUIL, N° 4

JUIN M DCCC XL

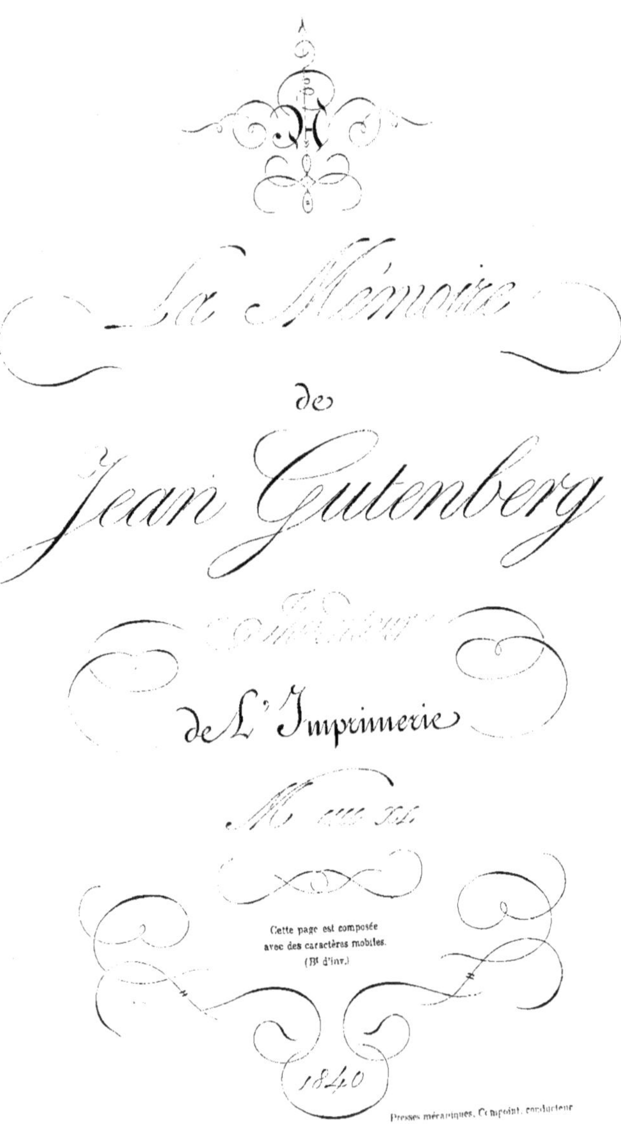

Cette page est composée
avec des caractères mobiles.
(Bt d'inv.)

Presses mécaniques, Compoint, conducteur

LA PRÉFACE.

Un certain jour de marché, Xantus, qui avoit dessein de régaler quelques uns de ses amis, commanda à Ésope d'acheter ce qu'il y auroit de meilleur, et rien autre chose. Je t'apprendrai, dit en soi-même le Phrygien, à spécifier ce que tu souhaites, sans t'en remettre à la discrétion d'un esclave. Il n'acheta donc que des langues, lesquelles il fit accommoder à toutes les sauces : l'entrée, le second, l'entremets, tout ne fut que langues. Les conviés louerent d'abord le choix de ce mets ; à la fin ils s'en dégoûterent. Ne t'ai-je pas commandé, dit Xantus, d'acheter ce qu'il y auroit de meilleur ? Eh ! qu'y a-t-il de meilleur que la langue ? reprit Ésope. C'est le lien de la vie civile, la clef des sciences, l'organe de la vérité et de la raison : par elle on bâtit les villes et on les police ; on instruit, on persuade, on regne dans les assemblées ; on s'acquitte du premier de tous les devoirs, qui est de louer les dieux. Hé bien ! dit Xantus (qui prétendoit l'attraper), achete-moi demain ce qui est de pire ; ces mèmes personnes viendront chez moi ; et je veux diversifier.

Le lendemain Ésope ne fit encore servir que le mème mets, disant que la langue est la pire chose qui soit au monde. C'est la mere de tous débats, la nourrice des procès, la source des divisions et des guerres. Si on dit qu'elle est l'organe de la vérité, c'est aussi celui de l'erreur, et, qui pis est, de la calomnie. Par elle on détruit les villes, on persuade de méchantes choses. Si d'un côté elle loue les dieux, de l'autre elle profere des blasphêmes contre leur puissance.

Caractères de la Fonderie générale.
Tarbé, gérant.

Extrait de la Vie d'Ésope
par Jean La Fontaine.

Dessins par J.-J. Grandville ;
Gravure par Porret.

Presses mécaniques,
L. Compoint, conducteur.

L'INTRODUCTION

ÉLÉMENTS MATÉRIELS DE L'IMPRIMERIE

AVANT GUTENBERG

L'impression des images et des lettres gravées sur bois

Fragment d'une petite image de saint Christophe du commencement du XVe siècle, conservée au Cabinet des Estampes de la Bibliothèque Royale.

a donné l'idée-mère de la typographie.

La fabrication des monnaies

Cabinet des Médailles de la Bibliothèque Royale; Monnaies du moyen-âge, Strasbourg.

a donné le poinçon et la matrice.

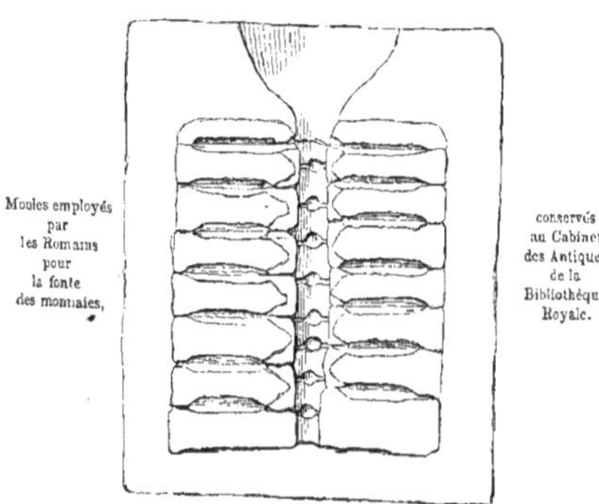

Souscription de l'image de saint Christophe, avec la date de 1423, conservée au Cabinet des Estampes de la Bibliothèque Royale.

Les moules connus de toute antiquité

Moules employés par les Romains pour la fonte des monnaies, conservés au Cabinet des Antiques de la Bibliothèque Royale.

ont donné le moule typographique et la fonte des caractères.

Le pressoir domestique

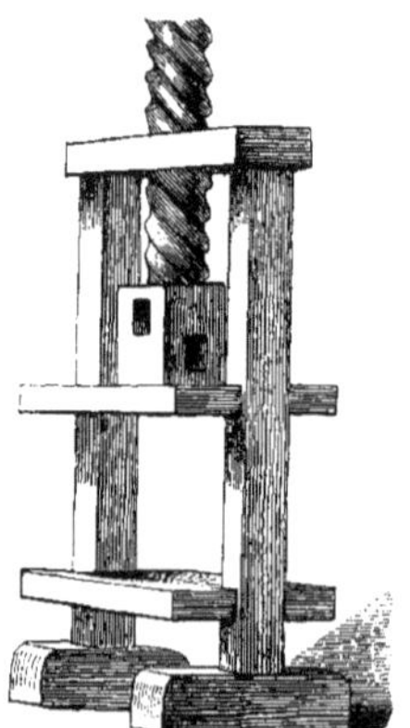

a donné la presse de l'imprimerie.

(*Voyez les Autorités.*)

Composé et ajusté par E. Dotte.

honneur de cette merueilleuse inuention se doit sans conteste rapporter à Iean Guttemberg de la ville de Strasbourg, lequel ayant tasché quoy qu'en vain de la faire reussir à sa perfection en ladite ville, se transporta en fin à celle de Maience où il demeura tout le reste de ses iours, y ayant obtenu le droict de Bourgeoisie : d'où vient qu'il est appellé *Moguntinus* dans beaucoup d'Autheurs....

Or s'estant ainsi estably à Maience il continua de trauailler à l'accomplissement de cette sienne entreprise, mais auec de si grands frais, que ne les pouuant seul supporter, il fut contraint de s'associer auec vn Libraire de la mesme ville qui s'appelloit Iean Faust ou Fust, lequel assisté d'vn sien parent nommé Pierre Schoiffer de

Gernshein ou Opilio qui trouua le premier les
Poinçons et Matrices, mit en fin cet art en
pratique[1]....

Mais pour reuenir à nos trois premiers et principaux autheurs de l'Impression, ie me persuade,
et il est bien à croire qu'ils firent vne infinité
d'espreuues et maculatures auparauant que d'a-
uoir tout iustifié et assemblé leurs instruments :
apres quoy ils commencerent en fin d'en com-
poser non les Offices de Ciceron, comme out
voulu Ramus, Besoldus, Pasquier, Duret, et
tous les Autheurs sans en excepter aucun, au
moins que i'aye veus, mais vne grande Bible
in folio....

[1] Gutenberg est né à Mayence d'une famille noble ; par suite de troubles civils, il se réfugia à Strasbourg. C'est à lui qu'est due l'invention des poinçons et matrices. Jean Fust, avec qui il s'associa à son retour à Mayence, était orfèvre. (V. les Autorités citées à la fin de cet *Album*.) NOTE DE L'ÉDITEUR.

A. Schrödter del.   Caractères de la Fonderie générale, frappes de Didot.   Andrew Best Leloir sculpt.

L. Coupelet, conducteur.

LES MONUMENTS

REPRODUCTION

DES

INCUNABLES DE L'IMPRIMERIE

PAR DES

FAC-SIMILE TYPOGRAPHIQUES

N° I

RUDIMENTS

DE

L'IMPRESSION EN CARACTÈRES MOBILES

GRAVÉS, FRAPPÉS ET FONDUS.

OUVRAGE DE GUTENBERG

Fac-simile typographique du fragment de *DONAT* trouvé à Mayence par
BODMANN, actuellement conservé à la Bibliothèque royale, regardé jusqu'à
ce jour comme le produit de caractères mobiles de bois; reproduction de
ce fragment avec les caractères qui ont servi à la première Bible de Mayence.

DÉMONSTRATION DES MOYENS D'EXÉCUTION.

Caractères fondus en *fac-simile* par Ch. Mesnager;
Ajustés par L. Leguay.

Dessins par Tellier;
Gravures sur bois par Lacoste père et fils.

Presses mécaniques, Compoint, conducteur.

cū docerem docerēni doceret Pterito pfcō cū doct⁹ sum l' fueri
tis l' suis sit l' fuit ꝗplr̃ cū docti sim⁹ l' fueim⁹ l'itis l' fueri⸗
tis sic l' fuerit Pterito plʼcꝗ pfcō cū doct⁹ elle l' fuille ēes vl'
fuilles ēēt l' suill: ꝗplr̃ cū docti ēem⁹ l' fuillem⁹ ēētis l' fui⸗
letis ēēt l' fuillēt Futo cū doct⁹ ero l' fueo eis l' fuis eit l' fu⸗
eit ꝗplr̃ cū docti eim⁹ l' fueim⁹ eitis l' fu citis erit vl' fuerit
Jnfinitō mo sn nuis ꝓ ploīs tpe pn̄ti ꝓ preto ipfcō docei
pꝺto pfcō ꝓ plʼcꝗ pfcō doctū ēē l' fuille futo doctū iri Duo
pticipia ꝺhūt a dbo pallio primū vt doct⁹ futue: vt doced⁹
        Ego legis legit ꝗplr̃ legim⁹ legitis legūt Pterito ip
        fcō legebā legebas legebat ꝗplr̃ legebam⁹ legeba
tis legebāt Pterito pfcō legi legisti legit ꝗplr̃ legim⁹ legi
tis legerūt vl' legere Pterito plʼcꝗ pfcō legerā legeras lege
rat ꝗplr̃ legeam⁹ legeatis legerāt Futuo legam leges le
get ꝗplr̃ legemus legetis legent Jmꝑatiuo modo tēpore
pfetti ad secundā ꝓ terciā plonam lege legat ꝗplr̃ lega⸗
mus legite legant Futuro legito tu legito ille ꝗplr̃ lega
mus legitote legunto vl' leguntore Optatiuo modo tē
pore pn̄ti ꝓ ꝓteito ipfcō vt legerem legeres legeret etplr̃
vt legeremus legeretis legerent Preteito pfcō ꝓ plʼcꝗ pfcō
vt legillem legilles legillet ꝗplr̃ vt legillemus legilletis
legillent Futuo vt legā legas legat ꝗplr̃ vt legamus le
gatis legant Coniūctiuo mo tēpe pn̄ti cū legam legas
legat ꝗplr̃ cū legam⁹ legatis legant Preteito ipfcō cū le
gerē legeres legeret ꝗplr̃ cū legeremus legeretis legerent
Preteito pfcō cū legerim legeris legerit ꝗplr̃ cū legerim⁹
legeritis legerint Preterito pluſꝗpfecto cum legillem

DÉMONSTRATION DES MOYENS D'EXÉCUTION

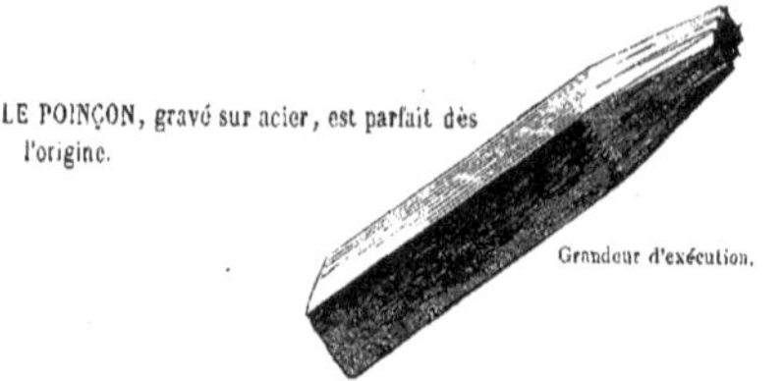

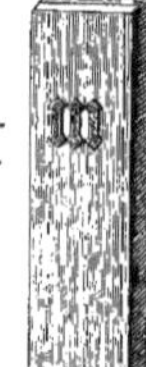

LE MOULE est dépourvu de la saillie du jet qui détermine la hauteur uniforme des caractères.

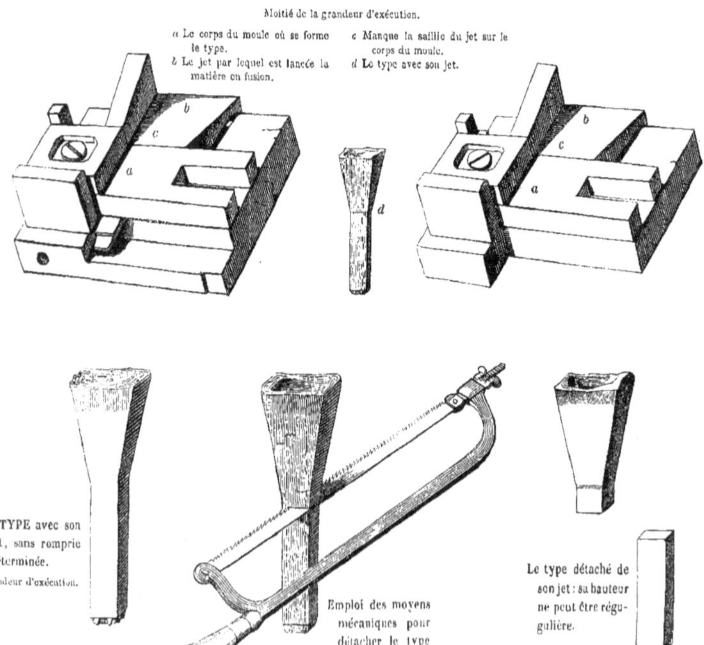

PERFECTIONNEMENT DES MOYENS D'EXÉCUTION

FONTE DES CARACTÈRES DE LA PREMIÈRE BIBLE DE MAYENCE.

LE POINÇON est resté le même.

LA MATRICE est justifiée d'une manière parfaite.

Grandeur d'exécution.

Coupe de la matrice justifiée régulièrement.

La matrice représentée à moitié de la grandeur d'exécution.

LE MOULE, perfectionné, est garni d'un archet qui maintient la matrice, et muni d'un jet qui, faisant saillie sur le corps du moule, détermine la romprie et donne aux types une hauteur régulière.

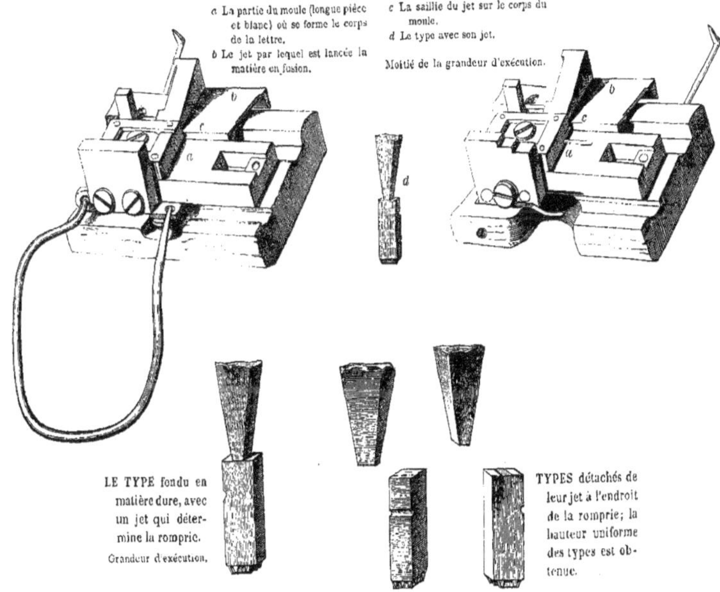

LE TYPE fondu en matière dure, avec un jet qui détermine la romprie.

Grandeur d'exécution.

TYPES détachés de leur jet à l'endroit de la romprie; la hauteur uniforme des types est obtenue.

PREMIÈRE BIBLE DE MAYENCE

SANS DATE ET SANS NOM D'IMPRIMEUR

IMPRIMÉE PAR GUTENBERG

AVEC LES CARACTÈRES GRAVÉS, FRAPPÉS ET FONDUS PAR LUI

QUI SE TROUVENT A L'ÉTAT D'IMPERFECTION DANS LE DONAT

Les caractères ont été gravés en *fac-simile* par Charles Cesriez ;
Justifiés et fondus par Ch. Mesnager.

Composition exécutée par L. Duzy et J. Fournier.

Presses mécaniques, Compoint, conducteur.

diuinitaté ꝯphéderet: qd̄ maxi
me idcirco faciebāt q̄a ī plato
nis dogma cadere uidebaꞇ·Deni
q; ubicūq; sacratū aliq̄d scrip
tura restaꞇ de pꝛe et filio et spiri
tu sancto ꝗ aliter interꝓtati sūt
aut omīno tacuerūt: ut et regi
satisfacerēt: et archanū fidei nō
uulgarent·Et nescio q̄s pꝛim9
auctoꝛ septuagītas cellulas a
lexandꝛie mēdacio suo extruxe
rit· q̄bꝫ diuisi eadē scriptitarēt:
cum aristeus eiusdē ptolomei
yperaspistes·et nō multo post
tēpe iosephus nichil tale retule
rint: sed in una basilica cōgre
gatos ꝯtulisse scribāt nō ꝓphe
tasse· Aliud est eū esse uatem:
aliud est esse interꝓtem· Jbi spi
ritus uētura ꝓdicit: hic eruditi
o ꞇ uerboꝛ copia ea que intelli
git transfert·Nisi forte putād9
est tullius economicū xenofon
tis ꞇ platonis pitagoram et de
mostenis ꝓthesifontē afflatus
rethoꝛico spū trāstulisse· Aut
aliter de eildē libꝛis ꝑ septuagī
ta interꝓtes·aliter ꝑ apłos spi
ritus sctus testimonia texuit: ut
q̄ illi tacuerunt hij scriptū esse
mentiti sunt· Q̄uid igiꞇ:Dāna
mus ueteres: Minime:sed post
pꝛioꝛ studia ī domo dn̄i quod
possum9 laboꝛam9· Illi interꝓ
tati sunt ān aduentū xp̄i et qd̄
nescierūt dubijs ꝓtulerūt sentē

ꞇijs:nos ꝑst passionē ei9 non
tā ꝓphciā q̄ꝫ histoꝛiā scribim9·
Aliꞇ eī audita· aliꞇ uisa narrā
tur·Ꝙd meli9 intelligim9 meli
us ꞇ ꝓferim9·Audi igꞇ emule:
obtrectatoꝛ ausculta· Nō dam
no non repꝛehēdo septuagīta:
sed cōfidenter cūctis illis apłos
ꝓfero·Per istoꝛ os michi xp̄s
sonat quos ān ꝓpḣas iter spū
alia carismata poſitos lego:in
quibꝫ ultimū ꝑite gradū inter
ꝓtes tenēt· Q̄uid liuoꝛe torque
ris:Q̄uid ꝑitoꝛ aīos contra
me cōcitas:Sicubi in transla
tone tibi uideoꝛ errare interoga
hebꝛeos : diuisarū urbium ma
gistros consule·Ꝙd illi habēt
de criſto tui codices non habēt·
Aliud est si contra se postea ab
apostolis usurpata testimonia
pꝛobauerint : et emendacioꝛa
sunt exemplaria latina·quam
greca:greca quam hebꝛea·Ve
rum hec contra inuidos·Nunc
te depꝛecoꝛ desideri carissime : ut
quia me tantum opus subire
fecisti ꞇ a genesi exoꝛdium cape
re·oꝛacionibus inues:q̄ possī
eodem spiritu quo scripti sunt
libꝛi in latinum eos transferre
sermonem· Incipit liber bresith
q̄ nos genesim dicimus Ca
pꞇ pꝛimū.

In principio creauit deus celu 7
terram· Terra aut erat inanis
et vacua: et tenebre erat sup fa-
ciem abissi: et spirit9 dni fereba-
tur sup aqas· Dixitq3 deus· Fiat lux·Et facta est lux·Et vidit
deus luce q3 esset bona : et diui-
sit lucem a tenebris· appellauit-
q3 lucem die et tenebras nocte·
Factuq3 est vespe 7 mane dies
vnus· Dixit quoq3 deus· Fiat
firmamentu in medio aquar:
7 diuidat aquas ab aquis· Et
fecit deus firmametu : diuisitq3
aqs que erat sb firmameto ab
hys que erat sup firmamentu:
et factu est ita·Vocauitq3 deus
firmametu celu: et factu est vespe et mane dies scds· Dixit vero deus· Congregent aque q sb
celo sunt in locu vnu 7 appare-
at arida·Et factu est ita·Et vo-
cauit deus arida ieram:7 grega-
tionesq3 aquar appellauit ma-
ria·Et vidit deus q3 esset bonu·
7 ait·Germinet ira herbam vi-
rente et faciente semen: 7 lignu
pomifer facies fructu iuxta genus suu : cui9 seme in semetip-
so sit sup ieram·Et factu est ita·
Et ptulit terra herba virentem 7
facietem semen iuxta genus su-
um:lignuq3 facies fructu 7 ha-
bens vnuqdq3 semete scdm spe-
ciem sua· Et vidit deus q3 esset
bonu:et factu e vespe 7 mane

dies tercius· Dixitq3 aute deus·
Fiant luminaria in firmameto
celi·7 diuidant diem ac nocte:
et sint in signa et tempa·7 dies
7 annos:ut luceat in firmameto celi et illuminent ieram·Et fac-
tum est ita·Fecitq3 deus duo luminaria magna:luminare ma-
ius ut pesset diei et luminare mi-
nus ut pesset nocti:7 stellas·7
posuit eas in firmameto celi ut
lucerent sup ieram:et pessent diei ac nocti:7 diuideret lucem ac
tenebras· Et vidit deus q3 esset
bonu : et factu est vespe et mane dies qrtus· Dixit etia deus·
Producant aque reptile aie vi-
uentis et volatile sup ieram: sb
firmameto celi· Creauitq3 de9
cete grandia· et omem anima
viuetem atq3 motabile qua p-
duxerant aque i species suas:
et omne volatile scdm genus su-
um·Et vidit de9 q3 esset bonu:
benedixitq3 ei dices· Crescite et
mltiplicamini·7 replete aquas
maris : auesq3 mltiplicetur su-
p ira·Et factu e vespe et mane
dies qntus·Dixit quoq3 deus·
Producat terra aiam viuetem
in genere suo:iumeta et reptili-
a· et bestias terre scdm spes su-
as·Factu e ita·Et fecit deus bestias ire iuxta spes suas: iume-
ta et omne reptile terre in genere suo·Et vidit deus q3 esset bo

num̃:⁊ ait·Faciam⁹ hoīem
ad ymaginem ⁊ silitudinẽ nos-
trã·et psit piscib; maris·et volatilib; celi·⁊ bestijs vniũseq; ꝼ-
re:oīũiq; reptili qd̃ monet̃ in ꝼ-
ra·Et creauit deus homine ad
ymaginẽ et silitudinẽ suã:ad
ymaginem dei creauit illũ:mas-
culũ et feminã creauit eos·Be-
nedixitq; illis deus·⁊ ait·Cresci-
te et mltiplicamī et replete ꝼã·
et subicite eam:et dñamini pis-
cibus maris·et volatilib; celi:
et vniũsis animãtib; q̃ mouet̃
sup ꝼram·Dixitq; deus·Ecce de-
di vobis oīem herbam afferẽ-
tem semen sup ꝼram·⁊ vniũsa
ligna que habet̃ ī semetipis se-
mentem generis sui:ut sint vobis in escam·⁊ cũctis aīantib⁹
terre·oīũiq; volucri celi ⁊ vniũsis que mouet̃ur in terra·et in
quib; est aīa viuens:ut habeãt
ad vescendũ·Et factũ ē ita·Vi-
ditq; deus cũcta que fecerat:⁊
erãt valde bona·Et factũ ē vespe ⁊ mane·dies sextus·

Gitur pfecti sũt celi ⁊ ꝼa:⁊ om-
nis ornat⁹ eoꝝ·Compleuitq;
deus die septimo opus suũ qd̃
fecerat:⁊ requieuit die septimo
ab vniũso ope qd̃ patrarat·Et
benedixit diei septimo·⁊ scifica-
uit illũ:quia in ipo cessauerat
ab oīi ope suo qd̃ creauit de⁹
ut faceret·Iste sunt gñaciones

celi et ꝼre q̃ndo create sunt in di-
e quo fecit deus celũ et ꝼram:et
oīe sigultũ agri anteq; orire-
tur ī terra:oīemq; herbã regi-
onis prius q̃ germinaret·Nõ
eñi pluerat dñs de⁹ sup ꝼram:
⁊ homo non erat qui operare-
tur ꝼram·Sed fons ascendebat
e terra:irrigãs vniũsam supfi-
ciem ꝼre·Formauit igit̃ dñs deus de limo terre:⁊ inspirauit in
facie eius spiraculũ vite:et fac-
tus homo in aīam viuentem·
Plantauerat aũt dñs deus pa-
radisũ voluptatis a pncipio:
in quo posuit hoīem quem for-
mauerat·Produxit dñs deus
de humo oīe lignũ pulcrũ vi-
su·⁊ ad vescendũ suaue:lignũ
etiam vite ī medio padisi:lig-
nũq; sciencie boni et mali·Et
fluuius egrediebat̃ de loco voluptatis ad irrigandũ paradi-
sũ:qui inde diuidit̃ in q̃tuor ca-
pita·Nomen vni phison·Ipe
ē q̃ circuit oīem ꝼram euilath:
ubi nascit̃ aurũ:⁊ aurũ ꝼre illiꝰ
optimũ ē·Ibiq; inuenit bdelli-
um·et lapis onichin⁹·Et no-
men fluuij sedi gyon·Ipe est q̃
circuit oīem terram ethiopie·
Nomẽ vero fluuiis tcij tigris·
Ipe vadit ꝟa assyrios·Fluui-
us aũt q̃rtus:ipe est eufrates·
Tulit ergo dñs deus hoīem·et
posuit eũ in padisum volupta-

tis· ut oparetur et custodiret il-
lum: precipitq; ei dicens· Ex omni
ligno paradisi comede: de ligno
aut sciencie boni 7 mali ne come-
das· In qcumq; eu die comederis
ex eo: morte morieris· Dixit q;
dns deus· Non e bonu hoiem
esse solu: faciam9 ei adiutoriu
sile sibi· Formatis igit dns deus de humo cunctis aiantib9 tre-
re· et uniusis volatilib; celi: adduxit ea ad ada· ut uideret qd
uocaret ea· Omne eim qd uoca-
uit adam aie uiuentis: ipm est
nome eius· Appellauitq; ada
nominib; suis cucta animacia·
et uniisa volatilia celi et omes
bestias terre· Ade uero no inue-
niebatur adiutor silis eius· In-
misitq; dns deus sopore i ada·
Cumq; obdormisset: tulit una
de costis eius: et repleuit carne
pro ea· Et edificauit dns deus
costam qua tulerat de adam in
mulierem: 7 adduxit eam ad a-
dam· Dixitq; adam· Hoc nuc
os ex ossib; meis: et caro de carne mea· Hec uocabit uirago:
qm de uiro sumpta est· Quaob
rem relinquet homo prem suu
et mrem 7 adherebit uxori sue:
et erut duo in carne una· Erat
aut uterq; nud9 adam scilicet 7
uxor eius: et non erubescebat·
Sed 7 serpens erat m[...]
callidior cunctis aiantib;

terre: que fecerat dns deus· Qui
dixit ad muliere· Cur precepit uo
b deus ut no comederetis exom
ni ligno paradisi: Cui respondit
mulier· De fructu lignoru que
sut in paradiso uescimur: de fructu uero ligni quod e in medio
paradisi precepit nobis deus ne co-
mederemur9· et ne tangeremur9 il-
lud: ne forte moriamur· Dixit
aut serpes ad muliere· Nequa
qm morte moriemini· Scit eim de9
q9 in quocuq; die comederitis
ex eo· aperientur oculi uri: et eri-
tis sicut dij scietes bonu et ma-
lu· Uidit igit mulier q9 bonu
esset lignu ad uescendu· et pul-
crum oculis· aspectuq; delecta-
bile: et tulit de fructu illi9 et co-
medit: deditq; uiro suo· Qui co-
medit: 7 aperti sunt ocli ambor·
Cumq; cognouissent se esse nu-
dos· Suerut folia fic9: 7 fecerut si-
bi perizomata· Et cu audissent
uocem dni dei deambulantis in
paradiso· ad aura post meridi-
em: abscondit se adam 7 uxor
eius a facie dni dei in medio ligni paradisi· Uocauitq; dns deus
adam: et dixit ei· Ubi es: Qui
ait· Uocem tua dne audiui in
paradiso: 7 timui eo q9 nudus es-
sem: et abscondi me· Cui dixit
dns· Quis eim indicauit tibi q9
nudus esses: nisi q9 ex ligno de
quo preperam tibi ne comederes

LES CARACTÈRES DE LA PREMIÈRE BIBLE

EMPLOYÉS DANS LES LETTRES D'INDULGENCE DE L'ANNÉE M CCCC LIV

ÉDITION DE 31 LIGNES.

FAC-SIMILE DES CARACTÈRES

DE LA DEUXIÈME BIBLE DE MAYENCE

ANTÉRIEURE A L'ANNÉE M CCCC LVI, IMPRIMÉE PAR GUTENBERG, FUST ET SCHOIFFER.

LES MÊMES CARACTÈRES

EMPLOYÉS DANS LES LETTRES D'INDULGENCE

ÉDITION DE 30 LIGNES.

Imprimé par A. Goulart et L. Lacarelle.

PROJET DE STATUE

A ÉRIGER DANS LA COUR PRINCIPALE DE LA BIBLIOTHÈQUE ROYALE

A L'INVENTEUR DE L'IMPRIMERIE

FIN DE CETTE HISTOIRE. — XXIV JUIN 1840

L'APPENDICE

COMMENT L'IMPRIMERIE A ÉTÉ INVENTÉE

LETTRES ÉCRITES DES BORDS DU RHIN

VERS LE MILIEU DU XVᵉ SIÈCLE

PAR L'INVENTEUR DE L'IMPRIMERIE

AU FRÈRE ANDRÉ, CORDELIER[1]

AU LECTEUR.

Est-ce Gutenberg qui a écrit ces lettres? est-ce un homme des temps passés, est-ce un de nos contemporains? telle n'est pas la question que le lecteur doit se poser après avoir lu le titre qui précède. En ce qui touche l'imprimerie, est-ce bien ce qu'a pu pratiquer, penser le premier imprimeur? par rapport aux idées générales, aux observations sur des faits généraux qui se sont fait jour dans ces épîtres, est-ce bien ce qu'a pu penser, observer un homme instruit, un homme de bon sens, un homme de génie en l'an de grâce 1450? voilà ce qu'il faut demander; on peut ajouter : voilà ce qu'il faut exiger.

Mais cet esprit d'analyse dont le quinzième siècle ne donne pas d'exemple, et ces expressions que le dix-neuvième revendique, comment en justifier ou comment les justifier, l'un ou l'autre, nous sommes accommodants?

Les expressions? il a bien fallu traduire dans la langue de notre temps des pensées et un langage qui datent de quatre cents années. L'analyse? comment ne se serait-elle pas présentée dans le discours quand elle existe dans les faits, quand l'invention de l'imprimerie atteste une métaphysique puissante?

Ce qui vous frappera dans les épîtres que vous allez lire ce n'est pas qu'il s'y trouve quelque chose de trop, mais c'est qu'il y manque beaucoup de choses. Pour bien expliquer Gutenberg ce n'eût pas été trop de Descartes.

LETTRE PREMIÈRE.

L'IDÉE FIXE.

Je suis au désespoir : je ne sais ce qu'il adviendra de moi; je ne sais où je trouverai assez de force pour mener à fin l'entreprise où je vais me jeter; il y en aura pour toute ma vie. Depuis un mois ma tête travaille : c'est une Minerve tout armée qui doit sortir de mon cerveau.

Je veux, vous allez rire de mon projet; je veux, vous direz que c'est une conception insensée; je veux, malgré les hochements de votre tête que je vois aussi bien que si j'étais près de vous, oui, je veux écrire d'une seule application de ma main, d'un seul mouvement de mes doigts, d'un seul effort de mon bras, en un seul instant et par un seul jet de ma pensée, tout ce qu'une grande feuille de papier peut recevoir de lignes, de mots, de lettres, par le travail du clerc le plus diligent pendant une journée, pendant plusieurs journées. Ne riez pas.

Rien n'est plus simple : vous avez vu comme moi les cartes à jouer[2], dont vous me reprochez de faire trop souvent usage, et les images des saints que vous me recommandez de contempler fréquemment, afin que par l'intercession des bienheureux qu'elles représentent[3] j'obtienne de notre Créateur les grâces que j'implore de sa miséricorde. Ces cartes, ces images sont gravées sur de petites planches de bois, et au bas de ces images il y a des mots, des lignes entières gravées aussi, mais en sens inverse de l'écriture[4]. On dépose une encre épaisse sur cette gravure; sur cette couche d'encre on place une feuille de papier légèrement humectée; puis sur cette planche, sur cette encre, sur ce papier, on frotte, on frotte jusqu'à ce que le dos de la feuille devienne luisant[5]. Cette feuille étant alors relevée, vous y voyez l'image comme si le dessin venait d'en être tracé, les mots comme s'ils venaient d'être écrits; l'encre déposée sur la gravure s'est attachée au papier, attirée par sa souplesse, retenue par sa moiteur. Merveilleux résultat de cet art tout nouveau que nos pères n'ont pas connu[6]! belles et saintes images qui vont porter leurs consolations, leurs conseils, leurs religieuses sentences aux affligés, aux pauvres, à tous les hom-

mes, et qui disent aux malades, aux souffreteux :
« Chaque jour où tu regarderas l'image de saint
« Christophe[7], ce jour-là tu ne mourras pas de male
« mort. » Dans votre couvent vous mettez ces images
à la place qui leur convient le mieux, car vous m'en
avez montré plusieurs qui étaient collées dans l'intérieur de vos missels, contre la couverture[8]; ainsi pla-
cées, elles iront porter aux âges futurs le témoignage
de notre industrie[9] et de notre dévotion.

De ces planches gravées on obtient des centaines,
des milliers d'épreuves, en répétant par centaines de
fois, par milliers de fois la même opération ; jamais
elles ne s'épuisent. Ces belles représentations, ces
saintes paroles sont une nourriture spirituelle qui
se multiplie à l'infini comme celle des cinq pains
sur la montagne.

Eh bien ! ce que l'on a fait pour quelques mots,
pour quelques lignes, il faut que j'en vienne à bout
pour de grandes pages d'écriture, pour de grandes
feuilles toutes couvertes des deux côtés, pour des
livres entiers, pour de gros livres, pour le premier
de tous les livres, pour la Bible[10].

Mais comment faire? il ne faut pas penser à graver
en planches de bois ces treize cents pages dont se
compose une Bible en moyenne écriture[11], ces deux
millions de lettres, il est aisé d'en faire le compte,
qui viennent se placer les unes après les autres pour
reproduire le texte divin. Comment faire? il ne faut
pas penser non plus à obtenir ces empreintes par le
frottement, car on ne pourrait imprimer le revers de
la feuille, déjà chargée d'encre par un côté, qu'aux
dépens de ce premier côté dont l'écriture serait
effacée[12]. Comment faire? je ne sais; mais je sais ce
que je veux faire. Je veux multiplier la Bible ; je veux
que les copies en soient prêtes pour le pèlerinage
d'Aix-la-Chapelle[13]. Que de bénédictions vont des-
cendre sur la terre ! Si l'Eglise a été déchirée tant de
fois par l'hérésie, si les fausses religions triomphent,
si l'impiété n'est pas écrasée, c'est que les divines
Écritures ne peuvent être lues par tous les chrétiens
et demeurent inconnues aux Gentils. Maintenant tout
est changé : mises dans toutes les mains, brillant de
toute leur splendeur, parlant aux yeux et par les
yeux aux cœurs et à l'esprit de tous les fidèles, de
tous les hommes, elles anéantiront à jamais l'hérésie,
l'impiété. Plus d'ariens, d'albigeois, de hussites, d'ido-
lâtres! Notre sainte mère l'Eglise, réunissant dans
son giron toutes les créatures humaines, régnera pai-
siblement sur le monde entier.

Hâtons-nous donc. Un coup de plume est un coup
d'épée contre le diable, dit un vieil adage ; avec

quelle plume énorme je m'apprête non à pourfendre
le malin mais à l'écraser !

Appelez donc sur moi, mon frère, les grâces de
celui dont la volonté peut rendre éloquentes les langues des enfants et révèle souvent aux faibles ce qu'il
refuse, ce qu'il cache aux sages et aux savants[14].

LETTRE II.

LA MEILLEURE DES RÉPUBLIQUES.

J'aime cette cité de Strasbourg où je me suis réfugié
et qui m'a accueilli. C'est une forte ville, une munici-
palité puissante : elle est libre, elle a ses lois, ses
priviléges, son évêque, ses magistrats, son consul qui
ne peut être pris que parmi les plébéiens[1]. Elle s'in-
titule république. Elle est grande, elle est belle ; elle
est assise sur le Rhin et commande la vallée qu'il fé-
conde ; et quand je regarde ce grand fleuve qui,
tombé du lac de Constance comme une éternelle et
puissante rosée, se précipite vers la mer à travers les
coteaux chargés de vignes et de moissons, je puis
dire à ses flots de porter à Mayence, à ma patrie, le
souvenir de l'exilé. Elle est riche, elle est industrieuse;
il s'y trouve des artisans de tous les états ; lorsque j'ai
voulu fabriquer des miroirs, j'ai trouvé des ouvriers
pour cette besogne[2], j'en ai trouvé pour tailler les
pierres précieuses ; j'en trouverais pour tout.

Je visite souvent les ateliers des différentes profes-
sions. Puisque j'ai quitté mon épée de gentilhomme
pour manier la lime et le marteau, puis-je trouver un
meilleur emploi de mon temps que de voir tout ce qui
se fait et comment tout se fait? Il y a peu de jours, je
suis entré dans l'hôtel où la ville de Strasbourg, en sa
qualité de souveraine, fait battre monnaie. Rien n'a
échappé à mon attention ; les différentes parties de la
fabrication sont venues se caser dans ma tête, se con-
fier à ma mémoire. Dans l'occasion j'en ferai mon profit.

Voici ce que j'ai vu.

Toute pièce de monnaie commence par un poinçon.
Le poinçon est un petit bâton d'acier qui, limé, gravé
à l'un de ses bouts, prend la forme d'une lettre, de
plusieurs lettres, de tout signe, de tous les signes
dont se forme le relief de la pièce de monnaie. On
trempe le poinçon ; on l'enfonce dans un morceau
d'acier, qui devient un creux, un coin ; il faut deux
coins pour les deux faces de la monnaie. C'est dans
ces matrices, dans ces coins, trempés à leur tour, que
se placent les petites rondelles de bronze, d'argent,
d'or, qui, frappées par une masse puissante, se con-
vertissent en monnaie.

Quand cette opération, par laquelle l'œuvre est achevée, eut été pratiquée devant moi, le maitre qui m'accompagnait pendant ma visite me mit dans la main une pièce d'argent au moment où elle s'échappait, toute brillante, du creux où elle était logée. Je pris plaisir à la faire sonner sur le bout de mes doigts, à examiner ses contours nettement dessinés, ses reflets, ses vives arêtes. C'était un demi-gros de Strasbourg, décoré d'une fleur de lis aussi belle que celle du roi de France. Sur l'une des faces je lus ces mots : *Moneta argentinensis;* sur l'autre : *Gloria in excelsis Deo* [4].

C'est ainsi que cette cité opulente reporte à Dieu la gloire de tout ce qui se fait par les hommes ; elle veut que chacun de ses citoyens, dans les moindres circonstances de la vie, quand il vend l'œuvre de ses mains ou se livre au trafic qui le fait vivre, quand il achète le pain dont il se nourrit et les choses dont il a besoin, sente qu'il est en la présence et dans la dépendance du dispensateur de tous les biens. Elle grave sur toutes ses monnaies : *Gloire à Dieu dans le ciel,* et, quand il y a place, elle ajoute : *Paix sur la terre aux hommes de bonne volonté* [5].

Cité généreuse, tes destinées sont belles, car tu vas chercher ta force où la force est réellement : tu deviendras un grand État et tu ne perdras pas la mémoire de ce que tu as été ; tu as bâti à Dieu un temple qui est haut comme une montagne, tu donneras aux citoyens utiles leur humble monument. Dans tous les temps tes enfants seront le plus ferme appui et tes murailles le premier boulevard de la patrie, parce que tu invoques le nom de Dieu. République argentine, tu seras toujours la meilleure des républiques.

LETTRE III.

LES OUVRIERS LORRAINS.

Les gens des Trois-Évêchés, les Lorrains, nos voisins, sont de grands coureurs de villes et de campagnes. Viennent les fêtes de Pâques, ils vont vendre au loin leur lard, leurs jambons, toutes leurs viandes salées et fumées. Il y en a qui se font raccommodeurs de vieilles chaussures, et portent tout leur établissement dans une hotte, allant devant eux, poussant leurs cris étranges, s'arrêtant, vivant d'épargne, et quand l'automne est fini, quand l'hiver est commencé, rapportant à leur ménagère le petit trésor qu'ils ont amassé.

D'autres, pour ne pas déchoir et pour pratiquer en petit le grand art des Lorrains, qui sont les premiers

fondeurs du monde [1], s'en vont dans les villages fondre les menus ustensiles de ménage en étain [2], les cuillères, les gobelets qui sont bossués, usés, brisés. Quand ils ont amassé du travail, ils s'abritent sous les portes ou s'asseoient le long des murs, selon le temps qu'il fait, et étalent entre leurs jambes leur réchaud, leur moule de cuivre, assez grossièrement fait et qui s'ouvre en deux parties. Les enfants s'arrêtent auprès de ces ateliers en plein vent ; j'ai fait souvent comme eux.

C'est un beau jour dans la famille des champs, celui où l'humble ménage, renouvelé, a pris un air de propreté. Quelle joie pour les petits enfants de tenir leur cuillère blanche et brillante comme les riches ornements que l'on a tant de fois admirés à l'Église ! et leurs parents, qui sait s'ils ne rêvent pas une meilleure fortune ? Heureux habitants des campagnes qui, vivant de peu, se contentant de peu, sont heureux d'un peu plus ! heureux surtout de vivre sous le toit qui les a vus naître, au milieu des compagnons de leur enfance ! heureux de cultiver la terre comme le faisaient leurs pères, ne fatiguant pas leur vie à chercher l'inconnu, à poursuivre des chimères !

LETTRE IV.

LES VENDANGES.

Je suis venu faire les vendanges à Creuznach, chez de bons amis. Quel mouvement ! quelle joie ! de toutes les fêtes c'est la plus belle. Tout le monde est content ; les granges sont pleines, les greniers plient sous la récolte. Riche de sa moisson et sûr de son pain, le paysan n'a plus qu'à remplir son cellier, la dîme payée, s'entend, et puis la taille, puis les aides, puis les quints et requints. Que l'hiver arrive maintenant, on est prêt à le recevoir ! Les jeunes filles se préparent à la danse, récompense d'un travail auquel tout le monde a pris part, les enfants qui s'en font un jeu, les vieillards qui s'y sentent rajeunir, tandis que les garçons, mettant leurs amours de la partie, choisissent leur herbstschatz, cette compagne de quelques jours, cette bien-aimée de la vendange. C'est le moment des vacances ; il arrive de la ville des gens de toutes conditions : des magistrats dans leurs vêtements amples, se promenant gravement au milieu de la cohue d'une population en délire ; des bourgeois, oubliant leurs affaires, leurs soucis, leurs pertes et leurs gains, s'humanisant ; les seigneurs pleins de distinction, affables et se laissant approcher ; et toute la nuée des étudiants des universités, débarrassés de la robe longue, et, pour n'avoir pas l'air de ce qu'ils sont, faisant sonner des éperons.

Tout ce monde parcourt les riants coteaux qui regardent le fleuve ; la campagne n'est plus verdoyante ; elle est plus belle qu'au beau printemps : elle est parsemée de tons variés, et sur les feuilles brunies des arbres on voit se prolonger, on sent vivre encore les ardeurs d'un soleil qui s'est adouci.

Cependant par toutes ces mains la vigne est dépouillée ; les hottes descendent vers les grands pressoirs ; les garçons les plus vigoureux se mettent à tourner la vis : la presse crie, le vin coule.

Je regardais le vin couler, et, remontant de l'effet à la cause, j'étudiais la puissance de cette presse à laquelle rien ne résiste.

C'est Archimède, dont les livres sont parvenus jusqu'à nous, qui a perfectionné la vis, déterminé ses lois, étendu ses applications ; puissant génie, qui s'est arrêté ! Ce point d'appui que demandait l'Hercule sicilien pour remuer le monde, l'aurais-je trouvé ?

LETTRE V.

LA RÉVÉLATION.

A l'œuvre ! je suis à l'œuvre. Dieu m'a dévoilé le secret que je lui demandais. Grâces lui soient rendues ! elles le seront. A l'œuvre ! Que la Bible soit écrite, multipliée, répandue ! elle le sera ! A l'œuvre ! J'ai commandé une presse au charpentier Conrad Sahspach [1] ; c'est avec cet instrument que la Bible sera multipliée. Mais l'écriture ? A l'œuvre ! j'ai appelé à moi Hans Dünne, Hans Ross, tous deux orfévres [2] : voilà mes écrivains. Mais quelle sera donc l'écriture qui multipliera cette Bible ? A l'œuvre ! j'ai fait apporter dans ma demeure du plomb en grande quantité [3] : voilà la plume avec laquelle j'écrirai. Mais, encore une fois, l'écriture de cette Bible, ou sa gravure, ou son dessin, quels seront-ils ?

L'écriture ? elle ne sera pas écrite ; le dessin ? elle ne sera pas dessinée ; la gravure ? elle ne sera pas gravée.

Écoutez, mon frère, ou plutôt regardez autour de vous, examinez-vous, interrogez-vous : vous faites tous les jours tout ce qu'il faut pour multiplier les manuscrits. Quand vous appliquez sur le vélin, sur le papier, le sceau de votre communauté, tout est dit, tout est fait, tout est là : comment ne l'avez-vous pas vu ? Ne voyez-vous pas que vous pouvez répéter autant de fois qu'il vous plaira ce sceau tout couvert de signes et de caractères ? Avez-vous compris ? pas encore. Fouillez donc dans l'escarcelle de votre communauté ; prenez une pleine poignée de pièces de monnaie. Est-ce fait ? regardez-les ; vous les avez regardées, qu'avez-vous vu ? J'en ai vu beaucoup en cuivre, quelques-unes en argent, à peine une en or ; il y avait bien en tout cent sous..... Non, non, ce n'est pas cela : il y avait des caractères sur ces pièces de monnaie ; qu'importe qu'elles soient d'or ou d'argent ? Les voyez-vous ces lettres qui, tirées d'un même creux, sont pareilles, quel que soit le nombre des pièces qui ont été frappées ? Cela est clair, cela est évident : c'est ainsi que la Bible sera multipliée.

La cloche du dîner vient de sonner : entrons dans le réfectoire. Après le *Benedicite*, au signal donné, les frères ont pris leurs cuillères : regardez-les ; ne sont-elles pas toutes semblables ? Comment cela s'est-il fait ? Vous les avez vu fondre dans un seul et même moule. Eh bien ! c'est d'un même moule, c'est de plusieurs moules semblables que la Bible sortira ! Oh ! tête dure qui se refuse aux bienfaits de Dieu ! oh ! l'incrédule qui ne veut pas croire ! oh ! les ingrats qui ne veulent pas voir, qui ne veulent pas entendre ce que Dieu leur montre, ce que Dieu leur crie !

Parlons donc d'autre chose et calmons-nous. Venez, la récréation est commencée ; entrons dans votre jardin. Promenons-nous, marchons, courons. Arrêtez-vous ! que venez-vous de faire ? Je vois dans le sable, dans la terre, l'empreinte de vos pieds. Quoi ! toujours la même ? vingt fois répétée vingt fois semblable ? Qu'est-ce donc que cette écriture que vous venez d'imprimer sur cette grande pancarte ? qu'est-ce donc que ces types [4] que le vent vient d'effacer ?

Vous savez tout maintenant : il faut frapper, il faut fondre ; il faut un creux comme le sceau de votre communauté, un moule comme celui qui a fondu vos gobelets d'étain, des lettres en relief comme celles qui sont sur vos pièces de monnaie, et le poinçon générateur semblable à votre pied quand il multipliait son empreinte. Voilà la Bible !

LETTRE VI.

LES ORFÉVRES ET LES POINÇONS.

Si j'avais voulu reproduire quelque image de saint avec des mots écrits au bas, ou quelque petit livre de grammaire [1], ou quelque bible en images, j'aurais été trouver les formiers, les cartiers, les imagiers [2], qui ne manquent pas plus en ce pays que dans les autres villes de l'Allemagne. Mais je me suis adressé à des orfévres, aux artisans qui travaillent, non le bois, mais le métal, tous les métaux ; aux fabricants de ces chefs-d'œuvre de délicatesse qui vivront aussi longtemps que si c'étaient des masses de pierre[3], à des gens qui excellent dans les arts de précision[4]. Qu'en concluez-vous? sans doute que je veux faire une Bible de métal et non de bois.

Je veux des poincons: les orfévres font des poinçons, et les .ormiers n en font pas. Les orfévres font des poinçons, que dis-je? ils sont obligés d'en faire. Pensez un peu aux sévères prescriptions qui pèsent sur eux, qui les contraignent à poinçonner leurs pièces d'orfévrerie. Voyez ce que l'on exige des orfévres de la grande ville de Paris, où tout a été si bien réglé, pour le fait de l'orfévrerie, par les ordonnances des rois de France[5].

Or, ayant besoin de poinçons, ai-je pu faire rien de mieux, dites-le-moi, que de m'adresser aux gens qui seraient pendus, ou peu s'en faut, s'ils n'étaient pas habiles en cette partie?

LETTRE VII.

LE GROS CARACTÈRE DE MISSEL.

J'avais à choisir l'espèce d'écriture qui serait reproduite par mes poinçons, et à déterminer la grosseur du caractère.

Mon choix n'a pas été long; j'ai fait tout ce que je pouvais faire, la seule chose qui fût faisable, la seule qui se fera jamais.

Je comprends la grande variété des espèces d'écritures ; il en faut pour tous les goûts, pour toutes les fantaisies, peut-être pour tous les genres de composition. Moi, qui dois écrire, non avec la plume, mais avec la lime, je n'ai pas été le maître de choisir ; j'ai été trop heureux de trouver une écriture qui se prêtât au travail difficile et nouveau que j'avais à faire. Si je ne l'avais pas rencontrée, peut-être aurait-il fallu tout abandonner.

Je n'ai adopté ni l'écriture courante, trop liée, trop courante en effet, qui ne présente pas de lettres isolées, détachées les unes des autres; ni l'écriture de bâtarde, malgré son ampleur : comment aurais-je imité ses rondeurs? ni la lettre boulonnoise, malgré sa fermeté; ni l'écriture de somme, ni celle de note, ni les lettres de cour, bien dignes de leur nom, élégantes, empanachées[1]. Je m'en suis tenu à la bonne lettre de forme, solide, compacte, carrée, bien assise. Je ne l'ai pas choisie; elle m'a été montrée, elle est venue à moi, préparée pour mon travail par la Providence. Ne présentant que des plans droits et des angles, et point de rondeurs ou presque pas de rondeurs, toutes ses faces extérieures s'obtiennent, se réduisent, s'approchent à la lime. Il en est de même de l'intérieur des lettres, qui n'est pas gravé, qui est obtenu par un contre-poinçon également aminci, réduit, approché, ensuite trempé, frappé à l'extrémité de la tige d'acier qui deviendra le poinçon.

Quant à la force des caractères, je n'en aurais jamais trouvé d'assez gros ; j'ai choisi, non pas la menue, non pas la moyenne écriture, mais la grosse lettre de missel [2], et bien m'en a pris. Nous verrons si d'autres feront mieux.

LETTRE VIII.

LA FABRICATION DES CARACTÈRES.

Oh! la rude besogne! elle sera plus forte que moi. Malheureux que je suis d'avoir pris ce fardeau! nous tirions de si grands avantages de notre fabrication de miroirs[1] ! Nos ressources épuisées, mes associés sont réduits à toutes sortes d'emprunts[3]. Qu'allons-nous devenir?

Suis-je donc prêt à abandonner inachevée l'œuvre que j'ai entreprise? je me plains : mon labeur n'a-t-il donc rien produit? le temps a marché : me suis-je arrêté? Soyez-en le juge; voici à quel point j'ai amené mes moyens d'exécution.

D'abord le relief en acier, le poinçon qui porte à son extrémité la lettre gravée ; ensuite le creux obtenu par l'enfoncement du poinçon dans le cuivre : c'est la mère des lettres, la matrice, ainsi qu'elle doit être nommée. Puis vient le moule en deux parties qui s'enchâssent, qui se rapprochent plus ou moins selon la largeur des lettres, et qui rapprochées, enchâssées, laissent vide au milieu d'elles un espace où le plomb se solidifiera. A l'orifice inférieur du moule la matrice est ajustée; à l'orifice supérieur s'ouvre, s'épanouit le jet, où le plomb fondu est apporté par une petite cuillère de fer. La matière est lancée vivement de haut en bas, tandis que la secousse imprimée au moule de bas en haut précipite le métal en fusion à travers l'espace vide jusqu'au creux de la matrice, où il tombe lourdement, où sa lourdeur le fait pénétrer. Un temps d'arrêt, et vous ouvrez le moule pour en extraire un diminutif en plomb du poinçon en acier, un petit corps qui porte à l'un de ses bouts le relief délicat, à l'autre extrémité le jet grossier qu'il faudra détacher. Voilà les lettres, ces sœurs semblables entre elles, semblables au poinçon générateur, carrées, régulières, qui, rapprochées les unes des autres, serrées dans un châssis, deviennent un seul tout et forment une planche solide semblable à un bloc de bois gravé. Poinçon que j'ai pris parfait aux monnayeurs, aux orfévres; matrices, moules, caractères de plomb qui demandent encore de grands perfectionnements; car je n'en suis qu'aux éléments, et il faut que je mène tout à la fois. Se rendra-t-on jamais compte de ma peine?

LETTRE IX.

LES LETTRES RANGÉES.

Le beau profit, avez-vous dit, d'être arrivé à construire avec de grandes dépenses et d'une manière imparfaite ce que l'on obtient sans tant de façons par la taille des planches de bois! Car, enfin de compte, je ne serais parvenu qu'à faire avec de petits êtres un corps solide, étendu; pourquoi ne pas se contenter du solide tout fait?

Je ne vous ai pas dit, voilà mon tort, que la mobilité des lettres était le véritable trésor que j'étais allé chercher par des routes inconnues. Plus ou moins mal les imagiers impriment; mais une fois leur forme imprimée, que deviennent les lettres qui y ont été gravées? Elles sont condamnées à l'immobilité, à la destruction.

Après avoir imprimé une forme, moi, je la décompose, et avec les mêmes éléments j'en compose une autre qui, décomposée, m'en fournit une nouvelle; et toujours ainsi, en procédant par composition et par décomposition.

C'est une armée; mes soldats sont épars, isolés, livrés au repos, abandonnés à eux-mêmes. La trompette sonne, le tambour bat: voilà les bataillons formés!

LETTRE X.

LES COMBINAISONS DES LETTRES.

Il est ouvert sous mes yeux le missel dont l'acier et le moule se sont rendus maîtres; ayez ouvert devant vous l'un des missels de votre couvent[1], et comparez avec lui ces lettres, cet alphabet mon ouvrage:

aabcdefghijlmno pqrsstuuxyz

Avec ces lettres, et avec des blancs qui donnent les séparations, je compose des mots tels que ceux-ci:

manus inanis lumina

Je vous vois dans l'admiration; eh bien! rien n'était fait quand ce labeur fut achevé. Il fallait se plier aux caprices de la plume qui, chargée d'encre et glissant légèrement sur le vélin en y laissant sa trace, au lieu de s'arrêter après chaque lettre et de faire un ressaut vers celle qui suit, les rapproche afin de faciliter sa course, afin de l'abréger les réunit. J'écris maintenant; lisez: je n'ai fait que copier[2]:

Gloria in excelsis deo.

Excelsis! e tient à *x*, *x* tient à *c*, *c* tient à *e*, *e* tient à *l*.

Pourra-t-on lier ainsi les lettres mobiles? je l'ai fait; comment m'y suis-je pris? je vais le dire. J'ai doublé toutes les lettres, et je les ai doublées en supprimant les petites têtes penchées vers la gauche, les petites pointes également dirigées vers la gauche qui faisaient obstacle à l'approche des caractères. J'ai créé un second alphabet, une série de lettres qui ne prennent jamais place au commencement des mots, mais à leur fin et dans leur milieu. Je n'ai point regardé à la dépense; rien n'a été épargné: l'écriture sera conquise, et mes Bibles imprimées seront vendues pour Bibles écrites[3].

Voyez, regardez! j'allais dire: admirez:

abcdefghilmnopqrsstue

En cherchant à se rendre compte des causes qui ont rendu nécessaire cette seconde série de caractères, on voit qu'elle a été commandée par certaines lettres qui appellent la liaison après elles en se prolongeant vers la droite; ce sont:

ccfgrtx

Leurs têtes, ou leurs pointes, ou leurs traits horizontaux demandent à s'unir aux pleins qui les suivent; avec mon premier alphabet, je ne pouvais les unir:

eterne resurrectio virgo

avec mon second alphabet, je les unis:

eterne resurrectio virgo

Je ne m'arrête pas: je grave un *a* dont la tête sera grossie hors de toute proportion, afin qu'il se joigne aux lettres qui le précèdent, afin d'écrire comme écrit l'écriture

facta tangat catholica

L'œuvre est parfaite. C'est maintenant que je peux,

c'est maintenant que je dois reproduire la devise de notre ville, expression de ma reconnaissance et de mon humilité ; attention ! voici l'impression :

Gloria in excelsis de...

Je ne puis achever ; quelle faute ! quelle faute ! Le dernier plein du *d*, le premier plein de l'*e* rapprochés quand ils devraient être confondus, doubles au lieu d'un seul ! Je suis ruiné ! tout est perdu, tout est à recommencer !

LETTRE XI.

LES EXPÉDIENTS.

Non, tout n'est pas perdu, tout n'est pas à recommencer : ce nom sacré sur lequel je me suis arrêté, maintenant je puis l'écrire. Il ne fallait graver qu'un poinçon de plus sans altérer les autres lettres. Mais qui s'en serait douté ? et, même à présent que la chose est faite, comment l'idée m'en est-elle venue ? Ce n'est pas une lettre, c'est une lettre tronquée :

elle se placera devant **e** : **reo**

elle se placera devant **o** : **romino**

Profitons de cette bonne veine, retournons à notre missel. La lettre *d* est-elle la seule dont le dernier plein se confonde avec le premier plein de certaines lettres quand elle en est suivie ? hélas ! non ; il en est de même du *b*, du *p*, lorsque viennent après eux l'*a*, l'*e*, l'*o* :

Il faudra donc graver de nouveaux poinçons ! Ouvrons notre caisse : elle est vide ; ouvrons notre esprit, c'est là qu'il faut puiser.

Je ne me suis pas trompé, je suis déjà passé maître en cet art qui sort à peine de mes mains. Possesseur du feu divin que je n'ai point dérobé, mais qui a été accordé à mes instantes prières, je façonne, j'anime, je fais parler la matière.

Elle parle :

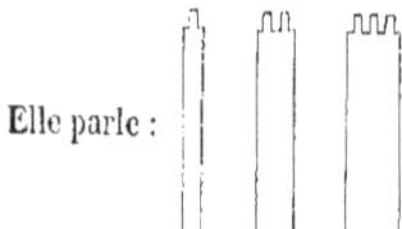

Cette lettre mince, la première, c'est un *i* ; celle qui vient après, qui est double de la précédente, c'est un *n* ; la troisième, qui est triple de la première, c'est un *m* ; et, puisque nous cherchons en ce moment à reproduire les combinaisons des lettres *b, p, a, e, o,*

j'indique aussi leur force :

Telles sont les épaisseurs. Pour les obtenir, quand je fonds une lettre, le creux de la matrice reste entièrement à découvert sous l'orifice du moule qui est ajusté à la grandeur de la lettre. Mais si je rapprochais les faces du moule, de manière à recouvrir une portion de la matrice, qu'arriverait-il ? Essayons.

Voici le résultat de cet essai :

L'épaisseur est diminuée ; le deuxième plein du *b*, du *p*, le premier plein de l'*a*, de l'*e*, de l'*o*, se prononcent en saillie par leur milieu. Que ces saillies soient abattues, soient enlevées ! il reste des lettres entamées, des demi-pleins :

Que ces demi-pleins soient rapprochés, que ces lettres entamées soient combinées, réunies !

Reposons-nous.

LETTRE XII.

LES ABRÉVIATIONS.

J'ai parlé de repos !

Quand Dieu fit le monde, le septième jour son œuvre était accomplie, et ce jour il se reposa. Il nous faut à nous des années pour nos misères, et le repos ne vient jamais.

Je croyais avoir fini ; mais les écrivains que je copie ont simplifié leur travail, ils ont compliqué le mien ; ils ont diminué leur peine, ils ont décuplé la mienne. Les traîtres ! qu'avaient-ils besoin d'inventer ces abréviations, ces petits signes légers qui courent sur les lettres, lourdes chaines qu'ils ont attachées à mes mains ?

Ces abréviations, c'est à vous, mon frère, à me les indiquer. Familier avec les missels, les bibles, avec tous les livres, vous n'oublierez rien ; combien d'omissions ne ferais-je pas ? parlez donc.

Ces signes principaux les voici :

━ ✦ ≀ ↺ ↻ ○

Le signe abréviatif ━ se place sur *a*, sur les deux *a*, l'initial, le médial ; sur *e*, sur les deux *e* ; sur les *i*, les *o*, les *u*, les *m*, les *p*, les *n* ; sur toutes les lettres, ou il n'en manque guère.

Le signe abréviatif ✦ se place sur les *a*, les *e*, les *n*, les *t*, sur la moitié des lettres ; je ne dis pas trop.

Le signe abréviatif ↻, sur les *t*, les *j*.

La lettre *q* seule demande les cinq abréviations ━ ✦ ≀ ↻ ○.

Et j'en oublie.

Artisan ingénieux, maître passé dans votre art, ouvrier intrépide et qui ne doutez de rien, voilà de la besogne qui vous est taillée ; soyez content. Mettez dehors vos limes et vos bâtons d'acier, et que vos orfèvres vous fassent des poinçons à beaux deniers comptants.

C'est dans votre caisse cette fois qu'il faudra trouver vos ressources. Quand il s'agit de couvrir vos lettres de leurs chaperons, prétendriez-vous vous en tirer par quelque expédient, ainsi que vous avez fait quand vous leur avez rogné les membres ?

LETTRE XIII.

LES PARANGONNAGES.

Vous avez cru m'embarrasser et le contraire est arrivé ; en mettant le doigt sur la difficulté vous me l'avez plus d'à moitié résolue. On a gravé six poinçons, et toute la besogne a été faite ; toute la besogne des poinçons et des matrices, mais la fonte, la fonte ! Accordez-moi toute votre attention.

Je vous ai parlé de l'épaisseur des lettres ; *n* avec deux jambes est une lettre moins épaisse que *m* qui s'appuie sur un bâton, plus épaisse que l'*i* qui s'en va courant à cloche-pied. Il s'agit maintenant d'une autre dimension des caractères, la même pour tous, tandis que l'épaisseur est variable ; d'une dimension qui est produite par la partie fixe du moule et qui donne aux lignes leur régularité. C'est le corps, et je

puis bien le nommer ainsi, car la pensée que mon labeur reproduit ne réside pas dans la masse inerte du plomb, mais dans la surface du caractère qui abandonne son image au papier, dans la figure, dans l'œil qui domine tout. Le reste, comme chez l'homme, ce porteur d'idées, n'est que la membrure, le corps.

Je montre quatre lettres entre deux lignes parallèles :

mqbî

m occupe le milieu, *q* le milieu et la partie inférieure, *b* le milieu et la partie supérieure. L'intervalle qui existe entre les parallèles détermine le corps. Une seule lettre le remplit tout entier ; c'est l'*i* long :

Cette explication donnée, voyons comment nous ajusterons les signes abréviatifs ; encore une question bien posée, encore une question résolue : dans l'écriture ils occupent l'espace laissé libre au-dessus des lettres ; nous les introduirons dans la partie supérieure du corps qui n'est pas occupée. A cet effet le corps sera divisé en deux portions distinctes, l'une et l'autre fondues à part, dans un petit moule, dans un moule de moyenne grandeur :

un tiers pour le signe abréviatif : ━ ⊏▭▭

deux tiers pour la lettre : **u** ⊏▭▭

Leur rapprochement rétablit le corps dans son intégrité :

Tout mon art n'est que combinaison : les lettres et les signes fondus seront combinés ; mes six poinçons me tiendront lieu de l'infini :

ā āé ī m̄ ñ ōū q̈ ū t̂ , etc.

Et voyez comme tout s'arrange au mieux : vous avez remarqué la saillie de la lettre sur son corps réduit aux deux tiers : elle ne sera pas retranchée ; elle maintiendra à sa place le petit signe abréviatif qui, si cette attache lui manquait, pourrait bien être enlevé quand l'encre sera déposée sur la lettre ; elle permettra qu'avec le secours de petits blancs de remplissage chaque abréviation soit fondue d'une seule grandeur pour toutes les lettres, pour la plus mince comme pour la plus épaisse.

Quand ma Bible aura été imprimée, vous reconnaîtrez que le travail n'a pas été conduit autrement que je ne vous l'annonce ; car j'ai beau faire, les signes d'abréviation ajustés de cette façon ne peuvent être placés avec une régularité parfaite au milieu des lettres ; ils portent tantôt à droite, tantôt à gauche ; quelquefois ils surplombent d'une lettre sur la suivante ; cela a toujours lieu pour l'*i*, plus étroit que l'indication abréviative *.

De toutes les lettres une seule porte ce signe fondu avec elle : c'est l'*e* ; vous trouverez toujours cette abréviation assise sur le milieu de la lettre et de la même grandeur :

ẽẽẽ

et s'il arrivait que cette lettre fût maladroitement retournée, vous verriez cette singulière figure [1] :

ǝ

Encore quelques mots, et j'ai fini ; il me tarde plus qu'à vous.

Parmi ces signes, ces abréviations, nous avons omis

ĝŏĥ̆ſ

Ces lettres occupant elles-mêmes la partie supérieure du corps, force m'a été de les fondre d'une pièce. Il fallait quatre poinçons, je les ai gravés.

J'ai trouvé des lettres que l'écriture a si bien enlacées que je ne pouvais les séparer ; autant d'assemblages, autant de poinçons. Je les ai gravés :

ch ff ct ct ſt ſt

Il y a des abréviations par lettres comme il y a des abréviations par signes ; je les ai gravées :

et *rum* con *pp* *per* *us* *s* et ℥ qui, avec

signifie *que*, qu'on peut donc appeler *petit-que*.

Et ce petit individu

qui, seul, est à peu près invisible, mais qui, placé devant le *p*, en dit plus qu'il n'est gros, je l'ai gravé :

pro

Et ces signes, qui indiquent le repos, la suspension, les membres de phrases, la fin des phrases, et qui

manquent à de bien riches manuscrits, je les ai gravés, je les ai gravés deux fois :

Et ces belles majuscules qui annonceront majestueusement le commencement de chaque verset de l'écriture, je les ai gravées :

A B C ········ V D, etc.

J'ai encore gravé... Hélas ! pour cette fois tout est fini ; je n'ai rien oublié. Débarrassé du fardeau dont j'étais accablé, j'en serais à le regretter si je ne voyais s'allonger devant moi la carrière qu'un instant je croyais parcourue.

Vous tous qui viendrez après moi, qui recueillerez le fruit de mon labeur, qui pratiquerez cet art, enfant de mes veilles et de mes douleurs, dites si du premier élan je n'ai pas franchi tous les obstacles, et si l'art sans précédents ne s'est pas du premier coup révélé tout entier ?

C'est Dieu qui l'a ordonné. Il veut que ces feuilles, où sa parole sera déposée, soient irréprochables, soient parfaites, et que ce livre, le premier dans l'ordre des temps, imprimé le premier, soit le premier par sa forme comme il l'est par la pensée.

LETTRE XIV.

LES QUATRE PIÈCES MOBILES.

Vous avez appris tout au long comment les caractères sont fondus ; apprenez comment ils servent à imprimer. C'est à l'aide de quatre pièces mobiles, qui ont été dressées par le charpentier Conrad Sahspach [1], et sans lesquelles la presse qu'il a construite ne serait bonne à rien.

Il y a d'abord une table d'un bon bois et bien unie, sur laquelle se posent les caractères quand ils sont assemblés. La deuxième pièce est un châssis très solide dans lequel les caractères sont serrés, sont maintenus par les côtés ; un second châssis, beaucoup moins épais, dont je dirai tout à l'heure l'utilité, s'ajuste sur le premier : c'est la troisième pièce. La quatrième, qui vient recouvrir les trois autres, consiste en un plateau destiné à recevoir et à transmettre la pression de la vis. C'est à protéger les caractères contre l'effet de cette pression que le second châssis est employé ; il porte des étoffes en plusieurs doubles, qui, en même temps qu'elles ménagent les caractères, facilitent l'application du papier humecté sur tous les points de la page composée. Cet assemblage est maintenu par deux fortes vis ; serrez-les, il est porté sous la presse ; desserrez-les, les pièces se détachent les unes des autres [2].

Ces quatre pièces sont indispensables ; on les changera, on les modifiera, on ne les supprimera jamais. Qui serait assez hardi pour prétendre que l'on peut s'en passer ? qu'il le dise !

Récapitulons : une table où les caractères sont posés, il la faut ; un châssis pour les contenir, il le faut ; un plateau pour distribuer la pression, il le faut ; un châssis pour les étoffes, il le faut ; et deux vis pour tenir le tout, que je ne les oublie.

Allons ! ne disputons pas tant ; accordez-moi mes quatre pièces.

LETTRE XV.

ANDRÉ DRITZEHEN.

André Dritzehen est mort, le compagnon de mes travaux, celui dont le courage ne s'est jamais démenti et dont la persévérance n'a jamais failli, qui a traversé avec moi tant de pénibles épreuves, travaillant le jour et la nuit, opiniâtre et confiant en Dieu, donnant jusqu'à son dernier argent, se dépouillant [1]. Il est mort, mort misérable, et mort de sa misère, sans un drap pour le couvrir vivant, pour l'ensevelir mort [2].

La condition que tu as subie, Dritzehen, est celle qui m'est réservée ; instrument dans la main de Dieu, tu as été brisé quand l'œuvre a été faite pour laquelle tu étais bon.

Je quitterai cette ville où je n'attends plus rien qu'un procès ; ma patrie me recueillera-t-elle ?

Exilé, accablé, déçu dans mes espérances, privé du fruit de mes labeurs, manquant de tout, et, dans mon découragement, prêt à tout abandonner [3], suis-je donc en la puissance du démon [4] ?

Saint Christophe ! saint Christophe ! que ton image me vienne en aide !

LETTRE XVI.

LE DONAT.

Le citoyen de Mayence [1] est rentré dans sa ville natale.

Je n'ai point perdu de temps ; j'ai visité Fust l'orfèvre, Fust le riche, Fust qui a de l'argent monnayé dans ses caisses autant que d'argent ouvré dans sa boutique.

Il s'associe à mes travaux ; il donne son argent [2], il donne son conseil [3], il donne son industrie.

Avant de commencer la Bible, nous avons imprimé avec nos caractères fondus un Donat, un Catholicon [4]. C'est une œuvre manquée ; c'est quelque chose d'inférieur aux planches de bois elles-mêmes [5].

Voyez les lettres dans leur ensemble ; au lieu d'être fermement assises, les unes montent, les autres descendent : par le moule, par les matrices, l'alignement est défectueux. Voyez les lettres une à une ; il y en a qui paraissent plus grandes, plus grasses, bien que leurs poinçons soient d'exacte proportion : c'est qu'elles ont été fondues trop hautes ; l'effort de la presse les a écrasées. Il y en a qui paraissent plus petites, plus grêles, sans que l'on puisse l'imputer aux poinçons ; c'est qu'elles ont été fondues trop basses : l'effort de la presse les atteint à peine. Il y en a qui sont trop grasses par un de leurs pleins, trop maigres par l'autre ; c'est qu'elles ont été fondues hors d'aplomb : l'un des deux pleins reçoit trop de pression et l'autre pas assez. Nos combinaisons étaient bonnes, nos instruments sont imparfaits. Matrices et moules, revenez donc, retournez sous la lime, sous le marteau ; vous ne pouvez parcourir la carrière dans laquelle vous aviez été lancés ; vous n'êtes pas dignes encore de servir à cette Bible, éternelle occupation de ma vie.

Nous ne quittons point la partie, nous redoublons nos efforts ; nous nous adjoignons Pierre Schoiffer [6], clerc du diocèse de Mayence, ouvrier ingénieux, éprouvé. Nous achèverons ensemble ce que seul j'ai commencé.

Il faut arriver à donner aux lettres une hauteur régulière ; c'est le premier point. Aujourd'hui nous séparons le jet du corps de la lettre en le sciant, en le coupant, en le rognant ; que de temps passé à cette main-d'œuvre et quel résultat imparfait ! Mais cette hauteur régulière comment l'obtenir ? est-ce Pierre Schoiffer qui l'obtiendra ?

Pour métal il faut autre chose que ce plomb, qui est trop tendre, trop mou, qui laisse défigurer la lettre par la moindre pression, altérer le corps par le moindre choc. Le bronze ne se fond que dans le sable ; il faudra donc que nous nous servions de l'étain [7], qui lui-même est trop tendre, trop peu fusible, d'un prix trop élevé. Où trouver un métal qui, fondu avec le plomb, donne une fonte douce et pénétrante, refroidi, un corps dur et résistant ? est-ce Pierre Schoiffer qui le trouvera ?

Ce métal sans lequel la perfection nous est refusée, que ne puis-je, en grattant la terre de mes mains, l'arracher de ses entrailles [8] ?

LETTRE XVII.

LA BIBLE.

Elle est achevée! je la contemple et ne peux me rassasier de sa vue. Qu'elle est belle ! qu'elle est imposante ! comme elle répond bien par son ampleur et sa magnificence à la divine parole qui s'y déploie ! Voyez comme ses deux colonnes sont dans une belle proportion, comme leur largeur est bien calculée pour les trente-six lignes, assises de ce monument! De ces beaux feuillets à quatre colonnes il n'y en a pas moins de huit cent soixante-dix, formant trois gros volumes [1], ma substance, mon sang.

Remarquez la justesse des lignes par leurs bords [2]? quel est le manuscrit qui pourrait en montrer autant? Nous arrivons à cette précision en nous servant de tous nos avantages; selon que nous avons besoin de plus ou moins de lettres pour remplir chaque ligne, nous employons ou nous négligeons les abréviations, les caractères entamés; nous écartons, nous rapprochons à volonté les mots; enfin nous avons placé sur la marge les traits doubles qui servent à lier les mots coupés brusquement par la fin d'une ligne, continués sur la suivante. Tout se plie à ce bel ensemble. Nous en étions bien loin dans la composition du Donat, dont les lignes varient en longueur. Elles sont encore inégales dans les premières pages de la Bible, qui contiennent le prologue de saint Jérôme. C'est la marque de l'homme dans un ouvrage de Dieu. Ce n'est qu'au feuillet où commence la Genèse : *In principio creavit deus celum et terram*, que cette amélioration, que cette seconde création est tombée du ciel sur notre livre.

C'est sans doute un grand malheur qu'il porte sur son front ce défaut, le seul peut-être qu'on puisse lui reprocher. Nous l'aurions corrigé, nous aurions refait le premier cahier de cinq feuilles [3] tout entier si nous n'avions pas été accablés par l'énormité de nos dépenses [4]. Reconnaissons ici l'effet de cette volonté par qui les plus grandes choses et les plus petites sont également ordonnées. Les livres qui hériteront de notre travail ne lui prendront que ses mérites en se gardant de ses imperfections; ils ne reproduiront pas celle que je viens de signaler. Conservée au commencement de notre Bible, qu'elle soit le témoin irrécusable de sa priorité.

Si je note le mal, je n'omets pas le bien. Que de progrès! comme cette encre est noire, brillante, solidement attachée au papier qu'elle semble avoir pénétré au lieu d'être restée à sa surface! Que de progrès! à peine atteints par la presse, les caractères du Donat avaient été déformés, écrasés; nous pouvons crier au prodige! le premier volume de la Bible tout entier, deux cent soixante-quatre feuillets, est tiré avec une seule et même fonte. Que de progrès! au commencement du tome deuxième resplendit une fonte nouvelle, toute semblable pour la vivacité de ses arêtes à cette pièce de monnaie qui de son coin tomba dans ma main. Que de progrès! cette bonne fonte, ce n'est pas un volume qu'elle fournira, mais une carrière double de celle que son aînée a parcourue, deux volumes ! six cent six feuillets! tout le reste de la Bible ! les expressions me manquent. Que de progrès! toutes les lettres sont d'aplomb; il n'y en a plus qui soient trop hautes ou qui paraissent trop petites, ou qui aient à la fois une jambe de gazelle, une jambe d'éléphant. Que de progrès! C'est que Dieu, nous voyant si bien travailler à sa gloire, de son regard a fait saillir le jet sur le corps du moule, de son souffle a durci notre métal.

LETTRE XVIII.

ALBERT PFISTER.

Après avoir imprimé les deux gros volumes de la Bible nos caractères ne sont pas en trop mauvais état. Albert Pfister [1], l'un de nos bons ouvriers, qui dessine, qui grave des planches de bois, s'en accommoderait. Il s'en servirait pour imprimer des historiettes en allemand, ornées d'images, et donnerait ainsi les premiers ouvrages où seraient réunis des planches de bois gravées et des caractères fondus.

Voici l'objection que je fais à Albert Pfister. Pour imprimer un texte dans notre bonne langue allemande avec des caractères qui n'ont servi qu'au latin et qui apporteront au premier feuillet de vos opuscules la vétusté qu'ils présentent à la fin de notre Bible, il faudra fondre exprès des *w*, qui ne s'y trouvent pas, des *k* et des *z*, qui s'y trouvent en petit nombre; il y aura disparate, et aussi longtemps que les exemplaires de vos historiettes seront conservés, on verra qu'elles n'ont été imprimées qu'avec une vieille fonte rhabillée [2].

Albert Pfister n'est pas convaincu.

LETTRE XIX.

LES RUBRICATEURS.

Pour que notre Bible ait tous les mérites et ne le cède pas au plus beau manuscrit, les chapitres en sont décorés par de belles lettres peintes alternativement en rouge et en bleu, dont la place a été réservée ; au commencement des livres les marges sont couvertes par de grandes lettres dorées et diversifiées par leurs couleurs ; il n'y a pas jusqu'aux majuscules des versets qui ne soient marquées de leur trait rouge. Grandes majuscules, moyennes majuscules, petites majuscules, toutes ont leur ornement. Dans le haut des pages sont écrits également avec le minium l'intitulé du livre et le numéro du feuillet. C'est l'ouvrage des enlumineurs, qui sont en même temps relieurs[1], qui peignent avec des couleurs et relient avec des cordons et des fils dont la solidité défiera le temps[2].

Tous les exemplaires de la Bible ne sont pas rubriqués de la même manière ; il y en a qui sont divisés en deux volumes, d'autres en trois[3]. Dans les premiers, pour ne citer qu'un seul exemple, le chapitre XXXIX du livre de Job commence avec le feuillet cccc iij du premier volume[4], dans les autres avec le feuillet cxxvij du second[5]. D'autres différences se remarquent encore : il y a des bibles où toutes les lettres qui commencent les chapitres sont au minium et non pas alternativement rouges et bleues[6]. Autre variation importante : certains exemplaires, soit en deux, soit en trois volumes, portent le numéro des feuillets à leur recto et l'indication du livre à leur verso, tandis que d'autres réunissent sur le recto l'indication du livre et le numéro du feuillet. Ces différences d'un exemplaire à l'autre sont conçues dans un bon esprit, car l'on peut ainsi satisfaire tous les goûts ; mais c'est à la condition que des volumes appartenant à des exemplaires différents ne seront pas mis ensemble : voyez le beau chef-d'œuvre si le même exemplaire présentait des volumes rubriqués en différentes façons[7].

LETTRE XX.

LA SOUSCRIPTION DE LA BIBLE.

Le moyen est trouvé qui donnerait une rubrication uniforme aux exemplaires : il ne faudrait qu'imprimer avec de l'encre rouge, comme tout le reste du volume l'est avec de l'encre noire, les lignes de texte qui sont maintenant enluminées à la main ; c'est un essai à faire.

Nous allons le tenter, et nous inaugurerons ainsi la seconde Bible qui sera imprimée[1].

Nous allons l'imprimer : la gravure et la fonte d'un caractère sont maintenant chose facile pour nous.

Le caractère est fondu ; lisez, lisez :

Gloria in excelsis Deo

Cette nouvelle Bible présentera donc sa rubrication imprimée ; puisqu'elle ne vient que la seconde, ne lui envions pas cet avantage. Elle sera en caractères moins grands que la première ; il faudrait s'étonner si le contraire avait lieu : elle vient la seconde, ne lui envions pas cet avantage. Les colonnes seront de quarante ou de quarante et une lignes, peut-être de quarante-deux : ne lui envions pas cet avantage, si c'en est un, puisqu'elle n'est pas venue la première.

Après une Bible qui compte près de neuf cents feuillets, une Bible qui n'en aura que six cents ; après celle-ci une autre qui en aura moins encore, puis une autre encore moins, sans jamais s'arrêter[2]. J'avais dit d'abord : On n'ira pas plus loin ; je dis maintenant : On ne s'arrêtera plus. Mais de commencer par une Bible de moyenne dimension, et ensuite d'en faire une qui serait plus ample de moitié, pour laquelle il faudrait trouver des acheteurs en la vendant moitié plus cher, quelque sot !

De la Bible qui n'est pas encore faite retournons à celle qui est achevée, qui n'a pas de rivale encore, qui n'en aura jamais. Je l'ouvre sans cesse ; ouvrez-la comme je le fais ; vous serez bien habile si vous y trouvez quelque chose à reprendre.

Rien n'y manque à mon sens, rien : ni la solidité, ni la magnificence, ni la simplicité, ni la beauté de l'ornement, ni la régularité des caractères, ni l'encre, ni le papier ; rien, car le nom du Dieu vivant est écrit à chacune de ses pages ; rien, car il n'y a d'omis que le nom de l'homme qui l'a créée.

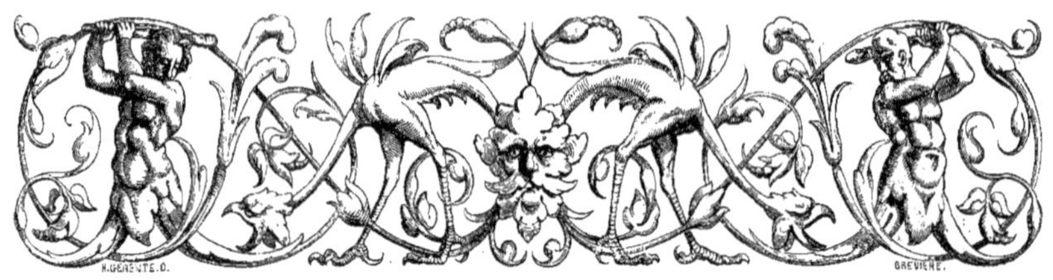

LES AUTORITÉS

LE CAMÉE

Cabinet des estampes de la Bibliothèque royale. — Collection de M. DE BURE.

Camées du Cabinet des antiques de la Bibliothèque royale.

LA PRÉFACE

Fables de La Fontaine; Paris, de l'imprimerie de P. Didot l'aîné, 1813, in-8; tome I, page lxxxv.

L'INTRODUCTION

LE POINÇON.

« Le méchanisme de l'art de contremarquer les médailles, à en « juger par l'élévation du métal plus ou moins apparente à l'en- « droit qui répond directement à la contremarque sur le côté « opposé, ne demandoit qu'un grand coup de marteau sur le « nouveau poinçon que le monnoyeur posoit sur la pièce.

« La forme des poinçons étoit ou ronde, ovale ou quarrée, de « trois et de quatre à cinq lignes de diamètre. Ces poinçons « étoient gravez en creux et à rebours, afin que leur impression « rendît en relief et dans le sens naturel les figures et les lettres « dont ils étoient chargez. » — *Mémoires de l'Académie des In-scriptions et Belles-Lettres,* tome XIV, page 132. — *Observa-tions sur les contremarques des médailles antiques, avec quel-ques conjectures sur leur usage.*

LE PRESSOIR DOMESTIQUE

Ca'endrier conservé au département des manuscrits de la Bi-bliothèque royale.

LÉON DE LABORDE, *Débuts de l'imprimerie à Strasbourg,* page 68. « La presse n'était pas une invention de Gutenberg ; et « lorsque Anton Bergell [1] imagine qu'il en prit l'idée dans les « pressoirs des cuves, en grand usage sur les bords du Rhin, il « n'a peut-être pas tort. »

[1] « Ant. Bergell, dans son poëme, au vers. LXVII.

« Le Strasbourgeois Specklin vit, au milieu du XVI° siècle, les anciennes « presses dont on se servait encore, et il dit qu'elles ressemblaient aux pressoirs « pour exprimer le jus. (*In not. ad Koenigshoven,* p. 442.) » LÉON DE LABORDE.

LES MONUMENTS

N° I. LE FRAGMENT DE DONAT.

Donatus de octo partibus orationis.

Première édition avec des caractères mobiles sur vélin in-4°.

« Si l'assertion que GUTENBERG a d'abord imprimé avec des « caractères mobiles de bois peut être justifiée par un monument « typographique, celui-ci vient sans doute à l'appui de cette « opinion. Les caractères étaient mobiles parce que l'on trouve « des lettres renversées, tel l'*i* dans le mot *discerni...*

« Ce monument typographique paraîtra, je crois, à tous ceux « qui ont approfondi cette aride matière, appartenir à GUTENBERG.

« Il ne faut pas un grand examen pour découvrir qu'ALBERT « PFISTER de Bamberg modela plus tard ses caractères d'après « ceux de cette édition...

« Ces deux feuilles en parchemin couvraient un livre de comp-« tes de 1451. Quel intérêt aurait-on eu d'en falsifier les dates? « si on en a couvert un cahier écrit de 1451 à 1492, le livre dont « elles font partie existait avant 1451. Tout indique qu'il a été « imprimé avec des caractères mobiles en bois. La Bible qui oc-« cupait GUTENBERG de 1450 à 1455 le fut avec des caractères « fondus et, comme on peut le présumer, vit le jour plus tard. « Ce livre (*le Donat*) serait donc l'un des premiers sortis de la « presse de GUTENBERG. » FISHER, *Essai sur les monuments ty-pographiques de Jean Gutenberg.* Mayence, an X.

DÉMONSTRATION DES MOYENS D'EXÉCUTION

Moules en cuivre fabriqués par GARAMOND, actuellement en la possession de M. Eugène Duverger, imprimeur.

N° II. LA PREMIÈRE BIBLE DE MAYENCE

Voyez l'exemplaire de la Bible à 36 lignes, en 870 feuillets, conservé à la Bibliothèque royale.

Consultez : Jo. GEORGII SCHELHORNII, *De antiquissima lati-nor. bibliorum editione.* Ulm, 1760.

N° III. LA DEUXIÈME BIBLE DE MAYENCE

Voyez la Bible de 42 lignes, dite *Mazarine,* en 640 feuillets, conservée à la Bibliothèque royale.

L'APPENDICE

LETTRE I.

(1) C'est au frère André que furent adressées, à la fin du XVe siècle, les *Épîtres de frère Jéhan*, cordelier de Tours. Pour bien connaître ces deux personnages, pour se rendre compte des motifs qui ont pu porter l'inventeur de l'imprimerie à entretenir de ses travaux ce même frère André, arrivé à un âge très avancé, lisez l'*Histoire des Français des divers États, XIVe siècle*, par Amans-Alexis Monteil.

(2) Heinecken, *Idée générale d'une collection complète d'estampes*, Leipsick, 1771; pag. 237 et suivantes. — Voy. aussi la feuille de cartes à jouer, conservée au Cabinet des estampes de la Bibliothèque royale.

(3) Heinecken. — Cabinet des estampes de la Bibliothèque royale.

(4) (5) (6) Mêmes autorités.

(7) Image de saint Christophe conservée au Cabinet des estampes de la Bibliothèque royale.

(8) Heinecken, déjà cité.

(9) « *Presens... codex... industrie est consummatus.* » Souscription du livre intitulé: *Constitutiones Clementis Papæ*; Mayence, grand in-f°.

(10) *Chronique de Cologne* de Jean Koelhoff, 1499: « *Primus liber qui excuderetur Biblia fuere latina.* »

(11) Voy. les Bibles au département des manuscrits de la Bibliothèque royale.

(12) Voy. le *Speculum humanæ salvationis*, les *Bibles des pauvres*, éditions xylographiques, toutes imprimées d'un seul côté.

(13) Actes du procès intenté à Gutenberg devant le grand conseil de la ville de Strasbourg.

(14) Souscription du *Catholicon*, première édition de Mayence.

LETTRE II.

(1) « *Magistratum hunc a plebejis possidendum solis communitas decrevit.* » *Alsatia illustrata*, in-f°, tome II, pag. 310.

(2) Actes du procès intenté à Gutenberg.

(3) Acte d'accommodement fait par Conrad III, archevêque de Mayence, en 1430, entre la noblesse et les tribus bourgeoises de Mayence.

(4) Cabinet des médailles de la Bibliothèque royale; monnaies du moyen-âge, Strasbourg.

(5) Idem. *Grossus argentinensis.*

LETTRE III.

(1) Encyclopédie in-f°, article *Fondeur*.

(2) « *Plurima parva stanna.* » Inventaire cité par Ducange, au mot *Stannum*.

LETTRE V.

(1) Actes du procès intenté à Gutenberg.

(2) (3) *Idem.*

(4) « Τύπος, ου, ὁ, *dicitur Vestigium et nota quam impressit* τὸ τύψαν... χύτρας τύπος *dicitur in cinere vestigium quod im-*

« pressit. » *Thesauri linguæ græcæ ab Henr. Stephano constructi, tom. III*, in-f°.

LETTRE VI.

(1) *Chronique de Cologne* de 1499, déjà citée.

(2) Heinecken, pag. 242 et suiv.

(3) Voy. au Cabinet des antiques de la Bibliothèque et au Musée du Louvre les pièces d'orfèvrerie des XIVe et XVe siècles.

(4) « On se ferait une fausse idée de la profession d'orfèvre à « cette époque si on la comparait aux marchands bijoutiers qui « portent aujourd'hui ce nom. L'orfèvre d'alors était une sorte de « mécanicien-fondeur, qui réunissait dans son laboratoire aux « grandes conceptions des machines l'habile exécution des dé-« tails. » Léon de Laborde, *Débuts de l'imprimerie à Strasbourg*.

(5) Ordonnances de Philippe-le-Hardi, 1275; de Charles V, 1378; ordonnance sur le fait de l'orfèvrerie publiée en parlement, le 23 mars 1428.

LETTRE VII.

(1) Inventaire de l'ancienne bibliothèque du Louvre, par Gilles Mallet.

(2) *Chronique de Cologne*, déjà citée.

LETTRE VIII.

(1) Actes du procès intenté à Gutenberg.

(2) *Idem.*

LETTRE X.

(1) Voy. à la Bibliothèque royale, département des manuscrits, l'un des nombreux missels en lettres de forme qui y sont conservés, et plus particulièrement le *Missale* n° 834.

(2) Missel n° 834, folio 140.

(3) Pour vérifier l'exactitude du travail d'examen qui a été fait sur les caractères de la première Bible, et qui embrasse les lettres X, XI, XII, XIII, voy. à la Bibliothèque royale la première Bible de Mayence à 36 lignes, en trois volumes, comprenant 870 feuillets imprimés, qui a été attribuée à Albert Pfister.

LETTRE XIII.

(1) Voy. la *Bible des Pauvres*, imprimée à Bamberg par Albert Pfister avec les caractères de la Bible à 36 lignes. La lettre e retournée se trouve au bas de la troisième page avant la fin de cet opuscule.

LETTRE XIV.

(1) Actes du procès intenté à Gutenberg.

(2) *Id.* Déposition de Lorentz Beildeck.

LETTRE XV.

(1) Actes du procès intenté à Gutenberg.

(2) *Id.* Déposition du curé Pierre Eckart.

(3) J. Trithem. *Annales monast. Hirsaugiens. Typis Monasterii S. Galli*, 1690, 2 vol. in-f°.

(4) « Philosophes que vous êtes, pourquoi donc n'évoquez-
« vous pas le diable quand vous faites parler un homme du XVᵉ
« siècle ? » J. Q.

LETTRE XVI.

(1) GABR. NAUDÉ, *Introduction à l'Histoire de Louis XI*,
pag. 285.

(2) Sentence arbitrale du notaire de Mayence, Ulric Helmas-
perger, rendue dans le procès entre Jean Fust et Jean Gutenberg.

(3) J. TRITHEM. *Ann. monast. Hirsaugiens.*

(4) *Idem.*

(5) Voy. le fragment de *Donat* à 27 lignes, découvert par
Bodmann, conservé à la Bibliothèque royale, reproduit dans la
présente *Histoire de l'invention de l'Imprimerie*, n° 1.

(6) J. TRITHEM. déjà cité. — JOAN. SCHOEFFER, *subscriptio
operis chronicarum* JOAN. TRITH. *Mŏguntiæ*, 1505.

(7) J. TRITHEM. : « *Stanneos characteres fundebant.* »

(8) THÉNARD, *Traité de Chimie*, tom. 1ᵉʳ, pag. 345 : « L'époque
« de la découverte de l'antimoine n'est pas bien connue ; tout ce
« que l'on sait à cet égard c'est que Basile Valentin paraît être
« le premier qui ait décrit la manière d'obtenir l'antimoine, dans
« un ouvrage publié à la fin du XVᵉ siècle, et dont le titre est
« *Currus triumphalis antimonii.* »

LETTRE XVII.

(1) LA SERNA, *Dictionnaire bibliographique choisi du XVᵉ
siècle*, seconde partie, n° 259.

(2) Voy. l'exemplaire de la Bible à 36 lignes conservé à la
Bibliothèque royale, et le *fac-simile* qui en est donné dans cet
Album sous le n° 2.

(3) « Ingenue quidem fateor opus nostrum biblicum constare
« quinternionibus, ut uni scilicet plagulæ quatuor aliæ sint in-
« sertæ, et singuli quinterniones decem folia contineant, cum
« *Trithemius* quaternionum mentionem faciat. Sed cum hic me-
« moria lapsum esse suspicor, qui id se ante triginta annos (li-
« teris autem hæc consignavit A. 1514) audivisse scribit, i. e.
« circa annum 1484, triginta circiter annis ab eo tempore, quo
« hæc Biblia excusa fuerunt, jam præterlapsis ; et in hac suspi-

« cione confirmor, quod observavi, in primis a divinæ artis in-
« ventione editionibus solemne fuisse chartas non in quaternio-
« nes sed quinterniones complicare : quod de Psalterio A. 1457
« impresso, ac de vetustissima, quam ipse possedit, Bibliorum
« editione accuratissimus *Schwarzius* monuit ; ex αὐτοψία autem
« egomet in Durandi Rationali divinorum Officiorum, A. 1459,
« in-folio majori Moguntiæ per Joannem Fust et Petrum Schoiffer
« de Gernsheim, typis exscripto... nec non in Bibliis, ibidem
« A. 1462 excusis deprehendi, cum sequenti tempore quater-
« nionum crebior fuerit usus. » SCHELHORN, déjà cité.

(4) JOAN. TRITHEM. *Annal. Hirsaugiens.*

LETTRE XVIII.

(1) CAMUS, *Notice d'un livre imprimé à Bamberg en* MCCCCLXXII.

(2) Id. *Quatre histoires de l'Ancien Testament*, en soixante
feuillets.

LETTRE XIX.

(1) Souscription manuscrite de la Bible à 42 lignes et en
637 feuillets : « *Illuminata seu rubricata et ligata per Henricum
« Albeh alias Cremer.* » Exemplaire sur papier, conservé à la
Bibliothèque royale.

(2) Voy. le même exemplaire.

(3) LA SERNA, déjà cité à la lettre XVII.

(4) Voy. les feuillets détachés de la Bible trouvés dans de
vieilles couvertures de livres, conservés à la Bibliothèque royale.

(5) Voy. l'exemplaire de la Bible à 36 lignes, conservé à la Bibliothèque royale.

(6) Feuillets détachés de la Bible à 36 lignes.

(7) Voy. l'exemplaire de la Bibliothèque royale.

LETTRE XX.

(1) Voy. l'exemplaire sur vélin de la Bible à 42 lignes, en
637 feuillets, dite Bible *Mazarine*, conservé à la Bibliothèque
royale.

(2) Voy. dans LA SERNA, *Dictionnaire bibliographique du
XVᵉ siècle*, tom. II, la succession des premières éditions de la
Bible.

FIN DES AUTORITÉS.

TABLE DES MATIÈRES

CONTENUES DANS CET ALBUM

<table>
<tr><td>LE TITRE.</td><td>Histoire de l'invention de l'imprimerie par les monuments.</td><td>Dessin de vignette par Tellier;
Gravure par Andrew Best Leloir.</td></tr>
<tr><td>LA DÉDICACE.</td><td>Première épreuve d'un nouveau genre de caractères d'écriture.</td><td></td></tr>
<tr><td>LE CAMÉE.</td><td>Imitation d'un joyau de la fin du XVe siècle conservé au Cabinet des antiques de la Bibliothèque royale et de plusieurs pierres gravées.</td><td>Dessin par Vérant;
Gravure par Andrew Best Leloir.</td></tr>
<tr><td>LA PRÉFACE.</td><td>Extrait de la vie d'Ésope, par La Fontaine.</td><td>Dessin par Granville;
Gravure par Poret.</td></tr>
<tr><td>L'INTRODUCTION.</td><td>Éléments matériels de l'imprimerie avant Gutenberg.</td><td>Dessins par Muret;
Gravure par Deshayes.</td></tr>
<tr><td>LA LÉGENDE.</td><td>L'invention de l'Imprimerie racontée par Gabr. Naudé, Parisien (1630). Six sujets tirés de la vie de Gutenberg.</td><td>Dessins par A. Schrödter de Dusseldorf.
Gravure par Andrew Best Leloir.</td></tr>
<tr><td>LES MONUMENTS.</td><td>Nº 1. Rudiments de l'impression en caractères mobiles, frappés et fondus; ouvrage de Gutenberg. Fac-simile typographique du fragment de DONAT trouvé à Mayence par Bodmann, actuellement conservé à la Bibliothèque royale, regardé jusqu'à ce jour comme le produit de caractères mobiles de bois; reproduction de ce fragment avec les caractères qui ont servi à la première Bible de Mayence.</td><td>Caractères gravés par Ch. Desriez;
Fondus en plomb par Ch. Mesnager.</td></tr>
<tr><td></td><td>Démonstration des moyens d'exécution; procédés imparfaits de la fonte du DONAT.</td><td>Dessins par Tellier;
Gravure par Lacoste père et fils.</td></tr>
<tr><td></td><td>Nº 2. La première Bible de Mayence, sans date et sans nom d'imprimeur, imprimée par Gutenberg, avec les caractères gravés, frappés et fondus par lui, qui se trouvent à l'état d'imperfection dans le DONAT, nº 1. Fac-simile des premières pages de la Genèse.</td><td>Caractères gravés par Ch. Desriez;
Fondus par Ch. Mesnager.</td></tr>
<tr><td></td><td>Nº 3. Les mêmes caractères employés dans les lettres d'indulgence de 1454, édition de 31 lignes.
Specimen des caractères de la deuxième Bible de Mayence, sans date et sans nom d'imprimeur, ouvrage de Gutenberg, Fust et Schoiffer. Les mêmes caractères employés dans les Lettres d'indulgence de 1454, édition de 30 lignes.</td><td></td></tr>
<tr><td>LA STATUE.</td><td>Projet de statue à élever dans la cour principale de la Bibliothèque royale. Par Etex.</td><td>Dessin par Gérard-Séguin; Gravure par Andrew Best Leloir.</td></tr>
<tr><td>L'APPENDICE.</td><td>Comment l'imprimerie a été inventée; Lettres écrites des bords du Rhin, vers le milieu du XVe siècle, par l'inventeur de l'imprimerie.</td><td></td></tr>
<tr><td>LES AUTORITÉS.</td><td></td><td>Dessin par H. Gérente; Gravure par Brevière.</td></tr>
</table>

Dessiné par Tellier.   Gravé par Thompson.

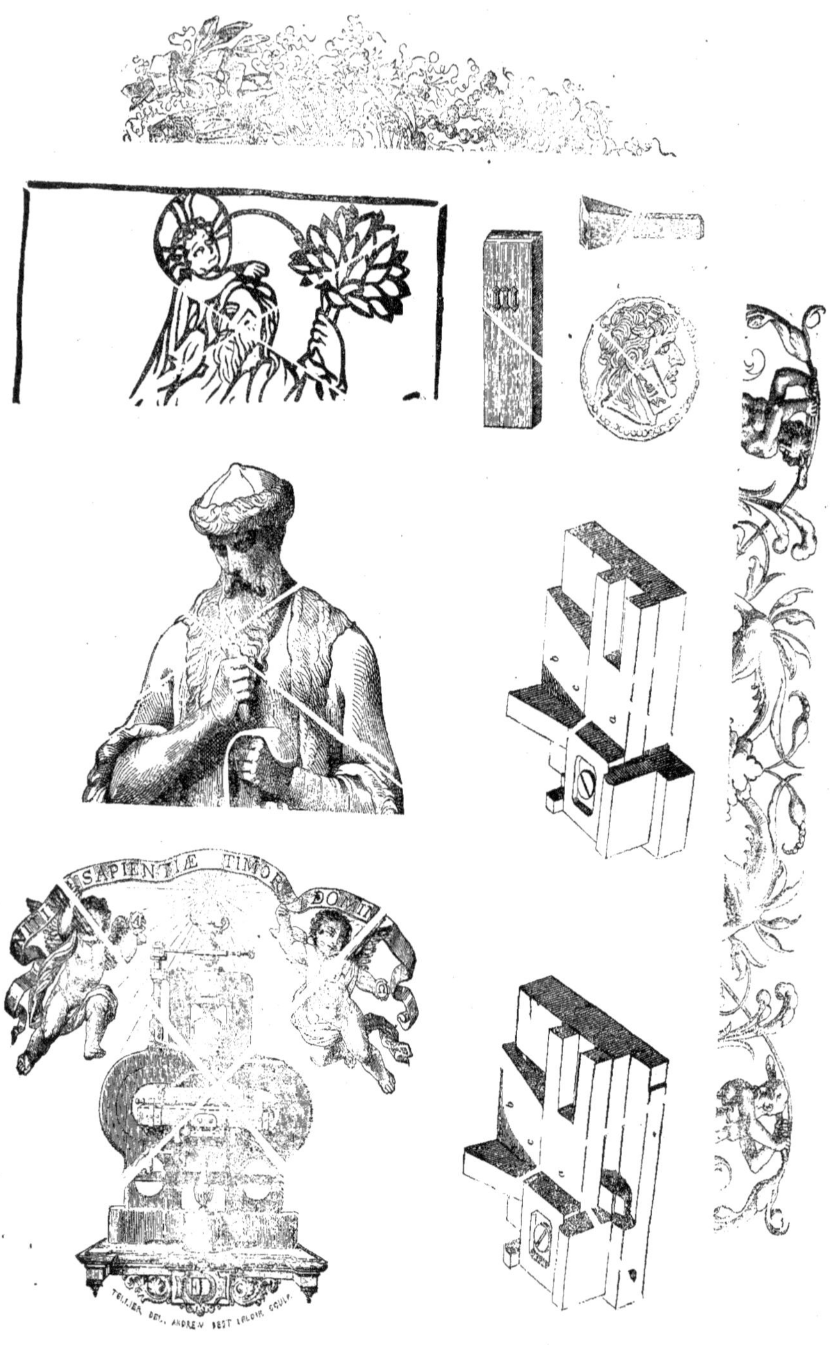

QU Y-A-T-IL DE MEILLEUR
GLORIA IN EXCEL 
1840 
FIN

魁占
裕誠號

魁占
裕誠號